会演讲

赢得人生大舞台

李斯琮 编

中国华侨出版社

北京

图书在版编目（CIP）数据

会演讲：赢得人生大舞台 / 李斯琮编.—北京：中国华侨出版社，2022.1
（2023.1重印）

ISBN 978-7-5113-8513-0

Ⅰ.①会… Ⅱ.①李… Ⅲ.①演讲—语言艺术—通俗读物 Ⅳ.①H019-49

中国版本图书馆CIP数据核字（2021）第012793号

会演讲：赢得人生大舞台

编　　者：	李斯琮
责任编辑：	江　冰
封面设计：	阳春白雪
文字编辑：	单团结
美术编辑：	宇　枫
经　　销：	新华书店
开　　本：	880毫米×1230毫米　　1/32　　印张：11　　字数：223千字
印　　刷：	唐山楠萍印务有限公司
版　　次：	2022年1月第1版
印　　次：	2023年1月第2次印刷
书　　号：	ISBN 978-7-5113-8513-0
定　　价：	42.00 元

中国华侨出版社　北京市朝阳区西坝河东里77号楼底商5号　　邮编：100028
发 行 部：（010）64443051　　　　　　传　真：（010）64439708
网　　址：www.oveaschin.com　　　　E-mail：oveaschin@sina.com

如发现印装质量问题，影响阅读，请与印刷厂联系调换。

前言
preface

　　演讲是有声语言和无声的态势语言有机结合起来向听众传递信息的一种社会活动，是交流思想感情、表达主张见解的有效方式，它还被人视为一种思想的武器。早在4000多年前，古埃及的一位法老就曾说：演讲比打仗更有威力。

　　自古至今，深谙演讲术的人通过这一武器，或在社会、政治、军事、文化等诸多领域掌握了话语权，或在许多重要场合下为自己赢来机遇，实现了自己的理想。

　　此外，拥有一流的演讲才能，常常有助于演讲者大大提升个人魅力，更好地融洽人际关系，赢得他人信任和赏识。

　　在当今社会，竞争激烈，演讲的重要性尤其突出，演讲已成为现代人追求成功、提高生活品味的必备技能。这足见当今社会是一个越来越注重"说"的时代！有资料显示，80%的成功人士靠口才打天下！毫不夸张地说，生活中演讲无处不在，无人不用：各级党政领导开会做报告，各公司企业的负责人开会激励员工、提升士气，人文学者、科学家做学术报告，大学生工作时求职应聘，推销员的产品销售，主持人的主持……这些都是形式不同的演讲。

鉴此，我们编写了这本《会演讲：赢得人生大舞台》，从理论和技术角度切入，以通俗易懂的语言，深入浅出地教读者如何演讲。

本书是一部囊括演讲知识、技巧、方法的大全集，不仅指导读者如何进行演讲前的准备、如何掌控听众的情绪、如何处理现场的突发状况，又从欢迎欢送会、颁奖仪式、生日聚会、婚礼宴会等不同场合为大家展示脱稿讲话的技巧，其中一些精彩的范例更是能让大家获益匪浅。读者完全可以即学即用，或将范文稍做改动便可快速成文，或从中获得灵感和思路以指导创作，既能写出精彩的演讲词，又能出色地脱稿演讲。希望本书能让每一位读者朋友轻松应对不同场景、不同主题的演讲需要，像高手一样出口不凡，赢得人生大舞台！

目 录

CONTENTS

上 篇 演讲理论

第一章 什么是演讲 ·················· 1

演讲概述 ··············· 1

演讲的特点和功能 ·············· 9

第二章 演讲的目的和类型 ········· 17

演讲的目的 ············· 17

演讲的分类 ·············· 20

中 篇 演讲技巧

第一章 演讲语言 ··············· 24

演讲语言要赞美得当 ··········· 24

演讲语言要充分激励 ··········· 38

演讲语言要幽默风趣 ···44

演讲语言要讲分寸 ···48

第二章　演讲前的准备·· 77

注意仪表和风度 ···77

注意演讲的姿态 ···94

第三章　掌控听众的情绪·· 109

使演讲深入人心 ··· 109

使演讲具有兴奋点 ·· 120

第四章　演讲的开场和结束·································· 123

演讲的开场 ··· 123

演讲的结束 ··· 129

第五章　演讲现场的技巧·· 142

情感沟通的技巧 ··· 142

身体语言的技巧 ··· 150

演讲中的语言技巧 ·· 158

第六章　突发状况的处理·· 174

如何面对自身失误 ·· 174

如何面对冷场 ··· 179

如何面对特殊情况 ·· 184

下 篇 脱稿演讲应用

第一章 欢迎会、欢送会 ······································ 192

神来之言添亮点 ·· 192

被欢迎避免说空话 ·· 197

作为被送人，最重要的是感谢 ······················ 201

第二章 开幕式、闭幕式 ······································ 204

由天气引出话题，自然亲切 ·························· 204

感谢点题，简洁明了 ······································ 207

简要总结，要求表态 ······································ 210

第三章 颁奖仪式 ·· 213

首尾呼应，中间肯定 ······································ 213

结合自身表情达意 ·· 216

谦虚表达内心情感 ·· 219

第四章 主持会议 ·· 223

牵线搭桥，巧妙连接 ······································ 223

结束语宜少不宜多 ⋯⋯⋯⋯⋯⋯⋯⋯⋯⋯⋯⋯⋯ 226

第五章 生日聚会⋯⋯⋯⋯⋯⋯⋯⋯⋯⋯⋯⋯⋯ 228

朋友生日以祝福词为主 ⋯⋯⋯⋯⋯⋯⋯⋯⋯⋯⋯ 228

老人寿辰以答谢、祝福为主 ⋯⋯⋯⋯⋯⋯⋯⋯ 231

孩子生日多表希望 ⋯⋯⋯⋯⋯⋯⋯⋯⋯⋯⋯⋯⋯ 234

第六章 婚礼宴会⋯⋯⋯⋯⋯⋯⋯⋯⋯⋯⋯⋯⋯ 237

热烈温馨的结婚祝词 ⋯⋯⋯⋯⋯⋯⋯⋯⋯⋯⋯⋯ 237

鼓励关怀，多多祝福 ⋯⋯⋯⋯⋯⋯⋯⋯⋯⋯⋯⋯ 240

第七章 竞聘述职⋯⋯⋯⋯⋯⋯⋯⋯⋯⋯⋯⋯⋯ 244

全面具体阐述工作目标和设想 ⋯⋯⋯⋯⋯⋯⋯ 244

分层面述职工作 ⋯⋯⋯⋯⋯⋯⋯⋯⋯⋯⋯⋯⋯⋯ 249

第八章 校园演讲⋯⋯⋯⋯⋯⋯⋯⋯⋯⋯⋯⋯⋯ 253

逆向思维出新意 ⋯⋯⋯⋯⋯⋯⋯⋯⋯⋯⋯⋯⋯⋯ 253

现身说法谈感悟 ⋯⋯⋯⋯⋯⋯⋯⋯⋯⋯⋯⋯⋯⋯ 257

幽默风趣表心声 ⋯⋯⋯⋯⋯⋯⋯⋯⋯⋯⋯⋯⋯⋯ 262

第九章 节日致辞⋯⋯⋯⋯⋯⋯⋯⋯⋯⋯⋯⋯⋯ 268

美好祝福层次化 ⋯⋯⋯⋯⋯⋯⋯⋯⋯⋯⋯⋯⋯⋯ 268

歌颂和弘扬节日意义 ⋯⋯⋯⋯⋯⋯⋯⋯⋯⋯⋯⋯ 271

纪念意义要突出 ………………………………………… 274

第十章　吊唁悼念 ………………………………………… 278

感谢与痛心并举 ………………………………… 278

讲述事迹颂品质 ………………………………… 282

追忆往昔表怀念 ………………………………… 285

第十一章　宴会应酬 ……………………………………… 288

用语言搞好聚会的气氛 ………………………… 288

别出心裁的宴会致辞 …………………………… 291

第十二章　就职演讲 ……………………………………… 295

工作表态，简短有力 …………………………… 295

建立信任，鼓舞人心 …………………………… 298

凝聚人心，获得支持 …………………………… 301

第十三章　工作汇报 ……………………………………… 305

条理分明，逻辑清楚 …………………………… 305

解决问题，着重具体方法 ……………………… 308

第十四章　单位年会 ……………………………………… 313

现有成绩详细说 ………………………………… 313

感谢为主，希望为辅 …………………………… 318

主题讲述，含义深刻 ………………………………………… 322

第十五章　离职演讲 ………………………………………… 328

离职不忘寄予厚望 ………………………………………… 328

卸任以回顾成绩、审视未来为主 ……………………… 334

辞职要以感谢为主 ………………………………………… 338

上 篇
演讲理论

第一章　什么是演讲

演讲概述

演讲的概念

什么是演讲？也许大家的第一反应就是——用嘴说话。但是只要仔细想想，就会发现演讲和讲话有很大的区别。抗日战争时期，有些爱国人士、学生经常会在人潮汹涌的地方，面向听众，凭借自己的口才，运用有声语言和态势语言的艺术手段阐明道理、抒发感情、发表个人见解，感召听众，这就是我们所熟悉的演讲。其实早在古希腊时期，游吟诗人荷马游走希腊各地传唱特洛伊战争中英雄们的事迹；我国的大思想家孔子也是周游列国，推广他的学说，劝告各国诸侯；这在形式上都是所谓的演讲。

所以演讲和说话的区别应该在于，演讲的目的是因疑作答、寻根问底、明辨是非、释疑解惑、阐明观点。而说话，是人们的自言自语、日常的寒暄聊天，或者一般性的个别交谈。

首先，演讲是一种语言，这种语言不单纯地等同于书面用语，也不单纯地等同于口语，它是既兼有书面用语的正式，又具有口语的特点和感染力。

其次，演讲的目的就是发表见解、阐明道理。

再次，演讲是一个互动的过程，演讲是面对听众的讲话，在演讲现场演讲者与听众进行着信息交流和感情互动，这样就形成了一个特定的时空情境。

最后，为了打动人心，演讲具有一定的表演成分。演讲者在演讲过程中，要借助相应的艺术手段增强演讲感染力。

但要注意的是，演讲不能单纯地表演，在传递信息的时候，要用表演来演绎和阐释演讲的目的，不能单纯朗读。"演"与"讲"在演讲实践活动中，是以"讲"为主，以"演"为辅，互相交织、互相渗透、互相促进的统一。在这里"讲"是起主导作用，起决定性作用的因素，而"演"则必须建立在"讲"的基础上，否则它就失去了存在的意义。

所以我们可以给演讲下这样一个定义：演讲是一种对众人有计划、有目的、有主题，系统的、直接的、带有艺术性的社会实践活动。亦可被视为"扩大的"沟通。

演讲的条件

演讲是在社会实践的直接需求下产生的一种活动，它是一种人与人之间的公共交往，在这样的交往中，人们在展开的各种活动如政治活动、经济活动、科学文化活动以及其他种种社会交往活动中，必然要发表见解，提出主张，释疑解惑，抒发感情，以达到说服人、感染人、教育人、激励人的目的。

（一）演讲作为一种社会实践活动，具有现实性和艺术性

人们在开展这种活动时，无论是演讲者、主持者还是听众，都有自己的目标指向和心理定式，都十分重视演讲的实际效果。就演讲者来说，当然力求当场感召听众，说服听众，

达到其预定的目的和任务。就听众而言，从社会价值观念出发，同样也希望从演讲中获得知识和启示。至于演讲主持者，本来就承担有根据特定的目的对演讲活动进行组织和安排的任务，更希望演讲活动各方面协调，圆满成功，达到最佳的实际效果。

一场富有吸引力的好的演讲，不仅可以生动地反映生活，揭示真理，帮助人们正确认识客观规律，同时也可以培养人们美好的道德情操，促进人们奋发向上，给人以强烈的美的享受。演讲活动所发挥的认识作用、教育作用、美感作用，正是社会实践的直接需求，同时，这本身也正是实实在在的社会现实生活，具有直接的现实指导意义。

演讲，不仅是一种现实性的社会实践活动，而且是一种带有艺术性的社会实践活动。科学通过生动的逻辑思维使人认识抽象的真理，艺术往往通过形象使人认识真理。在演讲活动中，演讲者为了最大限度地达到自己的目的，使听众心悦诚服，精神感奋，必须做到"晓之以理，动之以情，喻之以利，导之以行"。为此，常常要借助于戏剧、音乐、绘画、相声、小说、诗歌等多种文学艺术手段为其服务。当然，它虽然具有多种文学艺术形式的一些特点和因素，但它毕竟不同于小说、诗歌、戏剧、音乐、绘画、雕塑等文学艺术。文学艺术作品常常运用典型化手法，形象地、间接地反映社会生活，其本身并不等于现实生活；而演讲则是直接地表现生活，其本身直接体现着现实生活内容。

（二）演讲必须在特定的时空环境中进行

所谓"特定的时空环境"，一般指的是演讲者和听众处在一定的时间和空间环境中，如"街头演讲"，演讲者与听众同时处在街头；"法庭论辩演讲"，演讲者与听众同时处在法庭的氛围之中。

一般来说，演讲活动都要有相应的场合、相应的听众、适当的布置、合适的讲台、良好的音响效果和一定的时限。一定的时空环境反作用于演讲，制约着演讲的内容、语言和表情动作等。一旦时空环境发生转移和变化，演讲的内容、语言和表情动作等也必须随之转移和变化，以适应新的时空环境。在科学技术飞速发展的今天，时空观念发生了离异性变化，时间在超强度地缩短，空间在奇迹般地扩大。

广播、电视拓宽了人们的空间范围，同时也缩短了人们的时间差距。运用广播、电视可以把不同时间、不同地点的演讲者和听众组合起来，使传统的演讲出现了新的发展和突破。如广播电视演讲，从表面上看，听众、观众并未直接与演讲者处在同一时间和同一环境中，但从根本上看仍是处在特定的时空环境中，演讲者仍然必须有强烈的现场感，宛若置身于听众之中，也要考虑听众对演讲的情绪反应和态度评价，尽管各种反应和评价不一定立即在现场流露出来。

因为在设置着麦克风和摄像机的演播室内演讲，本身也就是处于特定的时空环境中，从客观的角度来讲，任何一个演讲者都无法逃脱他所处的时代环境对他的制约，离开了这些，演讲也就失去了它的存在价值。

（三）演讲必须依托语言来展开

语言是人们彼此交流思想以达到互相了解的一种极其重要的交际工具，人类社会生产的任何方面，都直接或间接以语言为工具。有声语言就是演讲活动中传递信息、表达思想的最主要的媒介和物质表达手段，它是演讲者思想感情的载体，以流动的方式，运载着演讲者的主张、见解、态度和感情，将其传达给听众，从而产生说服力、感召力，使听众受到教育和鼓舞。离开了口语表达，就无所谓演讲。要达到以理服人、以情感人、以智育人、使听众心领神会的效果，演讲者的语言必须流畅易懂，富有魅力。

好的有声语言不仅准确清晰、圆润和谐，而且绚丽多彩、生动有趣，以其跌宕起伏、音义兼美的艺术魅力，形成一种境界，使言辞的表现力和声音的感染力均达到最佳的状态。

演讲的主要表达手段

演讲顾名思义，就是有演还要有讲。"讲"是讲明道理，诉说对某一问题的看法。"演"是借助声音、表情、动作来加强演讲的生动性。演讲以讲为主，以演为辅，运用有声语言，加上动作、体态和表情，巧妙结合，通过这样的方式来强调自己的观点和看法，加强演讲的力度和感染力，是每个演讲者都会做的事情。所以，演讲的主要表达手段，我们可以概括为：声音表达、态势表达和形象表达。

（一）声音

一般来说，声音是构成演讲的基本条件。声音是演讲活动最主要的表达手段。声音承载着演讲者的思想和情感，直接传达到听众的耳朵，因为听众是直接听到演讲者的声音，所以要求演讲者吐字准确清晰、声音圆润清亮、语音语调具有节奏性、语气富有感情色彩。

（二）态势

态势是指演讲者的姿态动作、手势眼神以及表情等表演活动。

演讲者通过形体动作辅助声音的工具，来传达演讲者的思想和感情，直接传达给听众的视觉器官。它可以加强声音感染力和表现力，弥补声音的不足。它要求演讲者动作准确到位、自然协调、个性鲜明。

（三）形象

形象是指演讲者的容貌体形、衣冠服饰以及举止神态等方面。

主体形象的好坏、美丑，直接影响听众在视觉方面的欣赏感受和演讲者思想感情的表达。它要求演讲者在符合演讲思想感情的前提下，注意装饰朴素得体，举止神态优雅，风度翩翩，仪态大方，给听众一个视觉美的外部形象，使听众产生倾听的欲望。

演讲的特点和功能

演讲的特点

作为一个演讲者，一定要对整个演讲活动负起责任，因为演讲者是演讲活动的主体部分，在整个演讲过程中居于主导地位，而听众始终处于接受地位。因此，真正意义上的演讲是一个个性化的活动，它体现了一个人的个人魅力，是一个人的性格、气质、形态、口才的综合反映。

（一）演讲是真实的活动

一些演讲者站在讲台上时，虽然侃侃而谈，旁征博引，有时还能插入一些令人捧腹的俏皮话，说理透彻明白，但是如果没有体现出个人的特点，一样无法激起听众热烈的反响。反之，如果一个演讲者讲的虽然都是具有乡土气息的朴实的语言，但是这些语言中包含了真情实感，这也会成为一个感人的演讲。

正是因为这样，演讲的一个首要特性就是真实性。

演讲是一种现实活动，它是面向公众、面向社会的，虽然演讲中可以有一些表演的成分，但究其根本，都是为了达成演讲者通过对社会现实的判断和评价，直接向广大听众公开陈述自己的主张和看法的一种手段。

（二）演讲中可适当地加入一些艺术效果

虽然演讲是事实的产物，但是演讲的目的简单来说就是使人认同自己的观点，所以，在演讲的过程中可以加入一些现实活动的艺术。

演讲为了达到启迪心智、感人肺腑的目的，需要借助一些艺术的表现手段创造艺术感染力。

演讲的艺术性在于它使得演讲具有了文学特征、朗诵艺术色彩，富有感召力的体态语言，这样就形成了统一的整体感和协调感。也就是说，演讲中的各种因素，如语言、声音、表演、形象、时间、环境等，形成一种相互依存、相互协调的美感。同时，演讲还具备着戏剧、曲艺、舞蹈、雕塑等艺术门类的某些特点，演讲与这些因素融为一体，就形成了具有艺术感的演讲活动。

（三）演讲具有鼓动人心的力量

我们知道，人们通过演讲活动来宣传真理，统一思想，赢得支持，从而引导他人。尤其在战争年代和政治斗争中，演讲活动一向被喻为是进行宣传教育、政治斗争的有力武器。

所以演讲需要使得听众产生感情上的共鸣，没有鼓动性，就不成为演讲。在演讲中，演讲者需要用自己的形象、语言、情感、体态以及演讲词的结构、节奏、情节等去引发听众的共鸣，以此来抓住听众的心。可以说，鼓动性是演讲是否成功的一个重要标志。

（四）演讲是人们日常生活中的一种工具

演讲从最初的面对公众讲话，演变到今天已经成为一门单独的学科，它是人们交流思想的工具。

现今社会中人们的任何思想、任何学识、任何发明和创造，都可以借助演讲这个工具来传播。可以说，演讲是最经济、最实用、最方便的传播工具。

（五）演讲可以针对明确的目标

演讲是一种社会活动，它所面对的听众也是社会的成员。因此，演讲应具有社会现实的针对性，能够针对特定的人群、问题展开，取得公众的认同。

演讲者的观点源于对现实社会生活的归纳和提炼，只有这样，演讲才能有说服力、感召力，才能引人深思，发人深省。

演讲的观点明确，泾渭分明，容不得一点沙子。演讲，要求旗帜鲜明，主题显露；赞成什么，提倡什么，反对什么，清楚明白，毫不含糊。

（六）演讲能够适应任何环境

演讲是人们表达自己观点的一种活动，所以它能包含的内容也是包罗万象的，社会生活事无巨细，古今中外纵横千里，它适合于男女老幼，不同背景、文化层次、职业、身份、种族、阅历的所有人；同时，它不受时空、设备等限制，可以随时随地进行。因此，演讲是具有很强适应性的宣传教育形式之一。

演讲的功能

演讲虽然也是讲话的一种，但是和我们日常的讲话是完全不同的。我们日常的讲话，是人们为了交流思想、联络感情、协调行动而做的。这样的讲话，都是人们你一言我一语地讨论。并且日常的讲话对于逻辑性的要求并不高，人们的交谈是相互地交织进行，所以是散漫的、随意的。

但是演讲就不同，它具有明确的逻辑性和目的性。需要演讲者的精心准备，它是由演讲者、听众两部分组成的。

（一）演讲在演讲者和听众之间建立起联系

正如我们之前说到的一样，演讲时由演讲者把自己的观点和看法系统地统合到一起，有计划、有组织地传达给听众，在演讲的过程中除了设计好的互动之外，基本上是不需要听众插话的。即使是我们熟悉的辩论赛，也是一个人一个人地阐述，中途一般是不能被打断的。

在这样特殊的模式中，演讲者和听众、听众和听众之间就形成了多种多样的联系，这是传播的必然发展。

这些多种多样的联系，也以各种不同的形式展现在听众和演讲者的面前。听众可以在这些表现之中找到感情的共鸣，同时便于听众理解和记忆演讲的内容。演讲者在台上滔滔不绝地发表演讲时，他的思想感情、举止神态都直接作用于听众，听众接收到这些信息，或欣然赞许，开怀大笑；或心存疑义，无动于衷；或惊或喜，或悲或叹，都会在现场流露出来。

而对于演讲者，这样的联系，可以使他随时确认演讲的进度和效果，对于听众对演讲的情绪反应和态度评价，会自然地反馈给演讲者，为其所察觉。所以一个成功的演讲者能够协调与听众的关系，使他的演讲具有吸引力，演讲就可望成功。

（二）演讲是一种典型的传播活动

演讲是一个典型的传播过程，是演讲信息循环流通的过程。

在这个过程中，演讲者通过声音、体态、形象的特殊的媒介，将演讲信息传达给听众，听众在得到这些信息之后，必然出现一定的反应，高兴、悲伤或者漠不关心，等等。

显然，要使演讲顺利进行，必须使各方面联系和各个环节有效地联结，密切配合。尊重演讲的传播性，尊重听众，这样才能更好地完成演讲。

（三）演讲者独白的语言要具有准确性和生动性

我们在上面说过，演讲是一种靠演讲者独白来打动听众、感染听众的传播方式，没有了互动、交谈，就避免了内容的杂乱不统一，可以使演讲者能够明确地阐述自己的观点，但是同样是因为这样，在演讲中要注意语言的准确、清晰和生动。

就像教师讲课一样，是要将全新的内容让学生了解、掌握。这就要求演讲者必须通过自身的有声语言材料和相应的体态语言来逐条逐款层层展开。要讲清思想观点的来龙去脉，就不是三言两语可以奏效的。

因此，演讲者的语言必须经过认真组织、仔细斟酌，要有着很强的内在逻辑。

开头要精彩，引人入胜，结尾要恰到好处，耐人寻味。而中间部分要求层次清楚，论点明确，完美地将自己和听众的情绪推向高潮；同时运用叙事、抒情、说理等多种方式将自己的论证做到天衣无缝。如何以其深刻的思想性和精巧的文采美来吸引听众、感染听众，拨动听众的心弦，弹奏出最动听的乐曲，这一切都要求演讲者苦心构思，巧妙结合。

演讲者这种独白式的言态表达方式，又是有声语言和体态语言的结合体，它要求语言、声音、眼光、动作、姿态有机地结合，浑然一体，做到吐词准确、语调动听、表情丰富、动作适度、仪态大方、感情充沛，使人产生一种"思风发于胸臆，言泉流于唇齿"的美感。因此，它必须遵循一定的美学原则，讲究音韵、修辞、气度等，具有一定的艺术色彩。总之，一次成功的演讲，其语言必须具备以下要素：措辞准确，声调清晰，体态得当，感情真挚，结构完美。

值得说明的是，演讲虽然是艺术化的独白式的言态表达，但这种"艺术化"有一定的"度"，它是受现实活动的目的和效果制约的有限的艺术，实际上只是一种手段性的艺术，如同技能技巧一般。如果超越了这个"度"，把演讲搞成评书、单口相声或诗朗诵一般，那就不伦不类了，失去了演讲的真实性。评书、单口相声、诗朗诵虽然也是"一人讲，众人听"，但是它们属于艺术范畴，是艺术活动，是艺术活动中的言态表达形式；而演讲是现实活动，"它是现实活动的言态表达艺术，而不是艺术活动的言态表达"。

（四）演讲是一种常用工具

在我们的生活中，演讲是无处不在的，无论是政治、经济、军事、外交、法律，还是学术、理论、宗教、道德或其他社会问题，都可以成为演讲的题材，帮助演讲者发表自身的意见和看法。

同时，演讲不像文字和书籍，要求受众具有一定的文字和文学功底，不论是老、中、青、少，还是工、农、兵、学、商，只要具有听讲能力，都能成为演讲听众。

演讲对于对场地的要求也不高，电台、电视台、礼堂、课堂、广场，甚至街头巷尾，只要是有人流的处所都能成为演讲的场地。

因而，它能紧密地配合形势，适应现实任务的多种需要，及时地开展宣传鼓动、就职施政、争取民众、发号施令、激励斗志、传道授业、答疑解惑、布置任务、安排生产等活动。事实上，演讲是最经济、最灵便、最直接、最有效、最实用的宣传教育形式之一。

第二章　演讲的目的和类型

演讲的目的

第一次世界大战之后，帝国主义操纵巴黎和会逼迫中国签署不平等条约，这样的行为使得北京大学等众多高校的学生感到愤慨，他们游行、示威、公开演讲。

这一时期的演讲的目的非常明确，要求取消"二十一条"、拒绝签字，"外争国权，内惩国贼"。

通常演讲都具有以下几种目的。

使更多人了解演讲的信息

演讲是一种传播活动，它的主旨就是：演讲者说明、解释或阐明有关人或事或物的某些状况或特征等，使听者理解、明白演讲者传递的信息。

在这样的传播活动中，演讲者不能支配听众的想法和感情，只能传达自己的目的和感情。

使更多人信服接受演讲的信息

这是演讲目的的进一步发展，在演讲者将信息传达出去后，他的工作并没有完成，他要确保他的目的和希望能够被听众接受和理解。这要靠演讲者观察听众的神态、表情等信息来判断。

使人们按照演讲的要求行动起来

这是在前两种基础上产生的一种更高阶段的演讲，这个阶段听众们已经完全接受了演讲的内容，并把演讲者的要求贯彻到了行动当中去。演讲的目的是影响听者的举止，影响其去做某件事或停止做某件事。在这类演讲中，演讲者首先要使听者明白和接受自己的思想、观点、建议，然后，必须以某种激情呼吁的方式支配或驱策听者的行为，使其按照演讲者提出或传达的要求去行动。

使人们从演讲中得到激励和鼓励

在这类演讲中，演讲者的目的一般不是要影响听者的思想、信念，而主要是企图更强烈、更深刻、更动人地再现听者已经具有的思想、观点、感情、愿望、信念等，使听者的思想感情得到进一步升华和强化，从而受到鼓舞和激励。在"使人激"演讲中，演讲者必须使自己成为听者的代言人，全面通晓、真挚地表达出听者的思想感情。此外，演讲者还应当要求自己成为能对听者进行引导的长者。可以说，"使人激"演讲是演讲技艺的顶峰，一些彪炳史册的著名演说，如林肯的葛底斯堡演说、恩格斯在马克思墓前的讲话、丘吉尔首相的就职演说等，都是"使人激"演讲的成功范例。"使人激"演讲与"使人动"演讲有着极其密切的联系，真正能"使人激"的演讲必先能"使人动"。

使人们从演讲中感到快乐

在"使人知""使人信""使人动"的演讲里，都可能穿插一些幽默而富有趣味的内容，以活跃气氛、增强听者的兴趣，使其更乐于理解、接受某些观点或按某种观点去行动。

"使人乐"演讲能够寓思想教育于娱乐之中，使听者摆脱紧张和疲劳，达到一种轻松的心境。

演讲的分类

每次演讲的主题、形式、内容、观众都不尽相同，所以每次演讲前，演讲者都要煞费苦心地根据这次演讲的实际情况来制定相应的对策，而对演讲的分类能够帮助演讲者更加了解自己要做的演讲是什么。

对于演讲的分类，我们可以从内容和表达形式两个方面来讨论。

从演讲内容上分类

（一）政治演讲

政治演讲就是指具有鲜明思想、逻辑清楚的一种演讲，它具有强烈的感染力以及鼓动性，其目的就是尽可能地吸引人们的兴趣，拉拢更多的人站在自己的阵营。

（二）经济演讲

所谓经济演讲就是在经济的环境中，对于如何发展自己、推销自己，或者是对于整体经济环境进行研究和探讨。

（三）学术演讲

学术演讲一般是学者或者研究人员对于自己的研究成果进行讲解，其目的是加强公众对于一些专业性比较强的内容的理解和认识。

（四）法律演讲

法律是国家或地区用来规定人们行为的一种规范，而法律演讲则是从事与法律相关的行业的专业人士对于各种事件的辩论、研究的演讲。

（五）宗教演讲

在宗教国家中，宗教演讲是生活中非常重要的一个组成部分。

从演讲的表达形式上分类

主要有命题演讲、即兴演讲和论辩演讲等。

（一）命题演讲

所谓命题演讲，就像学生们的命题作文。演讲者所要演讲的内容不能随心所欲、按照自己的意愿来选择题目，命题演讲由别人拟定题目或演讲范围。

对于这样给定的演讲题目，有些正好是演讲者熟悉的，这样演讲者往往得心应手。但是对于一些演讲者不熟悉或者不太涉及的题目，演讲者就要经过一定时间的准备后再做演讲。

命题演讲包含两种形式：全命题演讲和半命题演讲。

全命题的演讲题目大多是由组织演讲的单位指定的，这样的命题通常是为某些活动而准备的，所以它主题鲜明、针对性强、内容稳定、结构完整。

半命题演讲题目给予演讲者的自由要大得多，这种演讲只是划定了一个大概的范围，在这个范围内，演讲者可以根据自己的喜好再细致划分。

（二）即兴演讲

即兴演讲指演讲者在演讲前毫无准备，因为一些临时突发的情况，主动或者被动发表的演讲。这是因为当我们面对一些场面、情境、事物、人物等情况时，经常会临时起兴，产生发表的演讲冲动，如婚礼祝词、欢迎致辞、丧事悼念、聚会演讲等。

这样的演讲因为没有详细的准备，所以在逻辑上难免会有所缺失。所以它要求演讲者要紧扣主题，抓住由头，迅速组合，言简意赅。

（三）论辩演讲

最常见的辩论演讲就是辩论赛，因为有人与人的互动性，所以要求演讲者具有非常强的应变能力和逻辑性。两方或两方以上的人们因对某个问题产生不同意见而展开面对面的语言交锋就是辩论演讲的代表。在某些方面，它和即兴演讲有些相似。但是它比即兴演讲更难些，因为它不但要有即兴演讲的能力，同时还要应对各种提问和质疑。

中 篇
演讲技巧

第一章　演讲语言

演讲语言要赞美得当

在人的一生中，有无数让他们引以为豪的事情，这些都是人一生的闪光点。这些东西又会不经意地在他们的言谈中流露出来，例如，"想当年，我在朝鲜战场上……""我年轻的时候……"等。对于这些引以为荣的事情，他们不仅常常挂在嘴边，而且深深地渴望能够得到别人由衷的肯定与赞美。

对于一位老师而言，引以为荣的往往是他（她）教过的学生在社会上很有出息，你为了表达对他（她）的赞美，不妨说："你的学生 ××× 真不愧是你的得意门生啊！现在已经自己出书了。"对于老年人来说，他们引以为荣的往往是他们年轻时的那些血与火的经历。

真诚地赞美一个人引以为荣的事情，可以更好地与之相处。

他人最想要的赞美一定是真诚的，不是那种公式般的赞美，千篇一律最让人反感。

言之有物是说一切话所必备的条件，与其泛说"久仰大名、如雷贯耳"，不如说"您上次主持的讨论会成绩之佳，真是出人意料"等话，直接提及对方的著名工作。若恭维别人生意兴隆，不如赞美他推销产品的努力，或赞美他的商业手腕；泛泛地请人指教是不行的，你应该择其所长，集中某点请他指教，如此他一定高兴得多。恭维赞美的话一定要切合实际，到别人家里，与其乱捧一场，不如赞美房子布置得别出心裁，或欣赏壁上的一幅好画，或惊叹一个盆栽的精巧。若要讨主人喜欢，你要注意投其所好，主人爱狗，你应该赞美他养的狗；主人养了许多金鱼，你应该谈那些鱼的美丽。赞美别人最近的工作成绩、最心爱的宠物、最费心血的设计，这比说上许多无谓的虚泛的客套话更佳。

真诚是赞美的内核

不真诚的赞扬，给人一种虚情假意的印象，或者会被认为怀有某种不良目的，被赞扬者不但不感谢，反而会讨厌。言过其实的赞扬，不能实事求是，会使受赞扬者感到窘迫，也会降低赞扬者的水准。虚情假意的奉承对人对己都是有害而无利的。

赞扬他人是一种能力，是根据心理学和组织行为学研究出来的，这是职场上的一种能力，不等于溜须拍马，溜须拍马可以说是虚假的，但赞扬必须是真诚的发自内心的实话。有一句话大家记下来：真实的赞扬是拂面清风，凉爽怡人；虚假的赞扬像给人吃大块的肥猪肉，让人烦腻不堪。

真诚的赞美和"拍马屁"最大的区别在于是否发自内心。真诚的赞美起源于内心深处的一种"美感"、一种冲动，它反映了一个人对另一个人的认可：外表漂亮，言谈合自己的口味，行动敏捷，品格高尚……即在两个人之中，其中一个人在另一个人身上发现了符合自己理想和价值标准的可贵之处。我们认识这个人、了解这个人的时候，已经有一种无形的力量促使自己要去赞美他的一些优点。

但是"拍马屁"不同，它不是发自内心地对另一个人的认可和钦佩，而是基于内心世界早已存在的一种目的，一种对眼前或日后能够收到"回报"的投资。"拍马屁"者在"赞美"他人的时候，脸上虽眉飞色舞，却有几分不自在；虽然他的词语是火辣辣的，但他的内心一片冰冷。他在赞美一个人的时候，心里想着的只是如何顺利办完对自己利益攸关的事，如何获得自我满足。

因此，真诚成为赞美与"拍马屁"的区分线，它是赞美的必要组成元素。

真诚的赞美应该是合乎时宜的，在合适的氛围里发出的赞美会让人内心明亮，灿烂无比。当别人感觉到你的赞美是由衷的，那赞美的话就很容易被接受。

正是这种出自内心的由衷赞美，使德国作曲家勃拉姆斯的自卑消失得无影无踪，也赋予了他从事音乐艺术生涯的坚定信心。在那以后，他便如同换了一个人，不断地把心底的才智和激情流泻到五线谱上，成为音乐史上一位卓越的艺术家。

由衷的赞美是源于心灵深处的，它是深刻而强烈的；要入木三分地表达出来，将是绝佳之语。对于发自内心的由衷之感，尽量用准确、贴切、深刻、生动、完整的赞语去说出来。

赞美的话并不是多多益善

一个气球再漂亮再鲜艳，吹得太小，也不会好看；吹得太大则容易爆炸。赞美就如吹气球，应点到为止，适度为佳。

哥尔多尼曾说过："过分地赞美会变成阿谀。"因此，在赞美他人时一定要坚持适度的原则。夸奖或赞美一个人时，有时候稍微夸张一点更能充分地表达自己的赞美之情，别人也会乐意接受。但如果过分夸张，你的赞美就脱离了实际情况，让人感觉到缺乏真诚的东西在里面。因为真诚的赞美往往是比较朴实的，发自内心的。只有恭维、讨好才是过分夸张和矫揉造作的。

据说有一个年轻人曾经给恩格斯写了一封热情洋溢的信，信中称赞恩格斯是一位无与伦比的革命导师、一位伟大的思想家，甚至称其为马克思的再现等，恩格斯并没有因为这封信而有丝毫的感动，反而生气地回信说："我不是什么导师、思想家，我的名字叫恩格斯。"恩格斯作为一位杰出的思想家，他不喜欢别人在赞美他时用似乎有些夸张的词语，又因为他和马克思有几十年的友谊，他是非常尊敬马克思的，当然会忌讳别人称他为"马克思的再现"。

要做到点到为止、褒扬有度是有技巧的。

（一）比较性的赞美

两个人或两件事相比较，在夸奖对方的同时，让他意识到自己的优点和存在的差距，使对方对你的赞美深信不疑。

刘邦曾说过，统一指挥百万军队，战无不胜，攻无不克，他不如韩信。这是他做了皇帝以后对自己的评价。韩信对刘邦曾有一番坦诚的赞美，话中首先肯定了刘邦控制大臣为自己效命的能力，但又指明了他在带兵作战方面与自己相比有不足之处，正与刘邦的自我评价相吻合。话说得很实在、很坦诚，刘邦不但不怒，反而很满意。此时，韩信与刘邦的关系已很紧张，如果他违心地恭维刘邦，调兵遣将无所不能，恐怕刘邦不愿意听，甚至会怀疑他在吹捧、麻痹自己。

（二）根据对方的优缺点提出自己的希望

金无足赤，人无完人。有所保留的赞美既要看对方的优点和长处，同时还要看到他的弱点和不足，讲究辩证法。常言道："瑕不掩瑜。"指出对方的缺点和不足，并提出一定的希望，不仅不会损害你赞美的力度，相反，却会使你的赞美显得真诚、实在，易于被人接受。尤其是领导称赞下属时，要有一是一，有二是二，把握分寸，要有所保留。可以多用"比较级"，千万慎用"最高级"。领导可以在表扬时把批评和希望提出来。

有效的赞美不应该总是绝对化。像"最好""第一""天下无双"这类的帽子别乱戴。有个企业的广告词说："只有更好，没有最好。"就显示了企业的真诚承诺，而不是哗众取宠、华而不实，在消费者中影响很好。实际上，一般人都对自己有个客观的认识和评价，如果你的赞美毫无遮拦，就会让人感觉你曲意奉承，难以接受。赞美时必须记住：一个人的成绩和优点毕竟是有限的。因此，赞美别人，应当一分为二，有成绩肯定成绩，有不足也要说明不足，控制好赞美的度。

过分的夸张对于被赞美者来说也是有百害而无一利的。高尔基曾经说过："过分地夸奖一个人，结果就会把人给毁了。"因为过分的夸奖往往会使被赞美者不思进取，误以为自己已经是完美无缺了，从而停止前进的脚步。众所周知的方仲永，小的时候因为天资聪慧，被别人称为天才，其父则四处带他去走访宾客，结果等到他长大以后，才能跟别的人没有什么两样了。

（三）赞美最好有新意

人人都有自己的长处，也都有短处。人们一般希望别人多谈自己的长处，不希望多谈自己的短处，这是人之常情。跟初识者交谈时，如果以直接或间接赞扬对方的长处作为开场白，就能使对方感到高兴，对你产生好感，交谈的积极性也就得到了激发。

有一个周游世界的妇女，她走到哪个国家，都会立刻结识一大群的朋友，一个青年问她其中的秘密，她说："我每到一个国家，就立刻着手学习这个国家的语言，并且只学一句，那就是'美极了'或者'漂亮'这句话，就因为我会用各种不同的语言表达这个意思，因此我的朋友遍天下。"

说一句简单的赞美话，实在不是一件难的事情，只要你愿意并留心观察，处处都有值得你赞美的事物。我们对陌生人要加以赞美时，如果能悉心挖掘那种鲜为人赞的地方，对方会非常开心，陌生人很快就会变成挚友。

（四）背后赞美更有力度

世上背后道人闲话的人不少，大家都很清楚，被说之人一旦知道便会火冒三丈，轻则与闲话者绝交，重则找闲话者当面算账。因此，我们要引以为戒，不要犯背后说他人闲话的忌讳。但是，背后说人优点却有佳效。

背后说别人的好话，远比当面恭维别人或说别人的好话，效果要明显好得多。不用担心，我们在背后说他人的好话，是很容易就会传到对方耳朵里去的。

赞美一个人，当面说和背后说所起到的效果是很不一样的。如果我们当面说人家的好话，对方会以为我们可能是在奉承他、讨好他。当我们的好话是在背后说时，人家会认为我们是出于真诚的，是真心说他的好话，人家才会领情，并感激我们。

在日常生活中，在背后赞美一个人往往比当面赞美更让人觉得可信。因为你对着一个不相干的人赞美他人，一传十，十传百，你的赞美迟早会传到被赞美者的耳朵里。这样，你赞美的目的也就达到了。

在日常生活中，如果我们想赞扬一个人，而不便对他当面说出或没有机会向他说出时，可以在他的朋友或同事面前，适时地赞扬一番。

据国外心理学家调查，背后赞美的作用绝不比当面赞扬差。此外，若直接赞美的度不足会使对方感到不满足、不过瘾，甚至不服气，过了头又会变成恭维，而用背后赞美的方法则可以缓和这些矛盾。因此，有时当面赞扬不如通过第三者间接赞扬的效果好。

当你面对媒体时，适当地赞美你的同行，是一种风度，也是一种艺术。

多在第三者面前去赞美一个人，是你与那个人关系融洽的最有效的方法。假如有一位陌生人对你说："某某朋友经常对我说，你是位很了不起的人！"相信你感动的心情会油然而生。那么，我们要想让对方感到愉悦，就更应该采取这种在背后说人好话、赞扬别人的策略。因为这种赞美比一个魁梧的男人当面对你说"先生，我是你的崇拜者"更让人舒坦，更容易让人相信它的真实性。

（五）推测性赞美，妙上加妙

借用推测法来赞美他人，虽然这种方式有一定的主观意愿性，未必是事实，但是能从善意的想象中推测出他人的美好东西，就能给人以美好的感受。

推测性赞美有两种，一种是祝愿式的推测，另一种是预言式的推测。

祝愿式推测，主要强调一种美好的意愿，用一种友好的心情去推测对方，带有祝愿的特点。

这种推测也未必很可行，但推测者是诚挚而善意的。

预言式推测，带有一些必然性、预见性，可以针对工作、生活中可能会取得的成绩进行预测。

当然，推测并不等于明确的结果，而是具有多种可能性，但前提是被赞美者本身有实力，有可能获得好结果。

预言式推测较适用于同事之间或父母对孩子的推测，总之，是对身边较熟悉的人所采用的方式，它起到一定的激励作用。

（六）夸人有讲究

赞美的话，人人都会说，但要说好，不仅要掌握许多小窍门，而且要有所讲究。

首先，赞美要有根据，比如根据对方的为人或处事来赞美。有根有据、有板有眼才能避开阿谀之嫌。

每个人在为人方面都有其优势，笼统的词语难以说明什么；有事实作根据将变得真实可信、生动形象。

其次，不要假充内行。

有句歇后语叫作："不是船工乱弄篙——假充内行。"肯定和赞美他人必须建立在理解的基础之上，特别是一些专业要求比较强的方面，尤其如此，如果你不懂装懂，就难免出洋相。赞美是一门学问，其中一个重要的法则就是要懂行。只有"懂行"才能抓住赞美之事的特点与实质，才能不说外行话。如果不懂装懂，则经常会发生讲外行话、语言不到位等情况。

在现实生活中常常发生这种情况：在一个书法展上，常常听到有人感叹，"这字写得真是漂亮"。但究竟好在哪里，他什么也不知道，这就是知其然而不知其所以然。在一个画展上，一位参观者站在一幅抽象画前说："这幅画不错，可惜看不出它画的是啥东西。"这要是让内行的人听见了，岂不是笑掉大牙。

一些人明明自己是外行，还不自量力，没有自知之明，甚至厚着脸皮装内行，结果让别人看笑话。既达不到赞美他人的目的，而且还暴露了自己的无知。一位男士陪他的女朋友去听音乐会，而实际上他只会听一些流行音乐，对于古典音乐一窍不通，当音乐会结束时，主持人希望在座的人能发表一些看法，这位男士站起来说："演得实在太好了，让人听起来欢欣鼓舞。"这时，四下响起一片哄笑之声，事后他看到女朋友脸上挂满了泪痕，原来音乐会上演奏的是一支非常伤感的曲子，女朋友一气之下与之分手了。

因此，在赞美他人时，要懂得适可而止，不必画蛇添足。在措辞上，选择一些大而空的赞词，这样才不致走嘴。

再次，赞美必须从性别、性格、知识等全方位来考虑。

"一母生九子，九子各不同"，即使是亲兄弟，彼此的性情脾气也有所不同，更何况是来自五湖四海不同的人士。

每个人由于其个性的差异，其所喜欢的赞扬方式也就有所不同，有的人喜欢含蓄委婉，有的人喜欢直露，有的人喜欢日常工作中一个眼神及一个手势的赞扬，有的人喜欢在正式场合的称赞。如果你对喜欢含蓄的人用直来直去的赞语，就难以达到赞美的预期效果；若你对喜欢直露的人用较为含蓄的赞语，也许他根本不能领会。

最后，赞美不要冲撞他人的忌讳，弄巧反成拙。

忌讳就是世界各国、各民族长期以来形成的对于某些事物的禁忌，它常常反映着一个国家和民族的文化传统和生活习俗。对于个人来讲，忌讳往往是一个人内心永久的伤痕，每个人都有自己的忌讳。每个人对于自己的忌讳往往又不允许别人轻易侵犯。

在赞美他人时，了解他人的忌讳是在人际交往中左右逢源、游刃有余不可忽视的环节。

另外，在与不同民族、不同国家的人交往时，要注意不要冲撞他国家和民族的忌讳。

数字的忌讳。如西方人普遍忌讳"13"。因此，在祝贺西方人成功时，送鲜花千万别送13枝。

动物的忌讳。中国人忌讳乌鸦和猫头鹰，俄国人忌讳兔子。

此外还有颜色的忌讳、花朵的忌讳等。

在赞美他人时，应该对赞美对象的一些忌讳有所了解，千万不要自讨没趣地往人家的枪口上撞。

演讲语言要充分激励

很多人都在苦苦找寻使别人进步的方法，那么如何让别人不断前进呢？试一下用赞扬激励来代替批评吧！当减少批评而多多鼓励和夸奖时，人们所做的好事会增加，而比较不好的事情会被忽视而萎缩。每个人都渴望受到赏识和认同，并会不惜一切地得到它。当然，我们鼓励别人，必须是真诚的，或者至少看上去是真诚的。

如果你要对你的孩子、另一半或者下属员工们说他或她在某一件事情上显得很笨，很没有天分，那么你就做错了，因为那等于毁了对方所有要求进步的心。任何人的能力都会在批评下萎缩，却能在激励下绽放。激励正如阳光一样，能促进我们成长。因此，要希望对方做到某一件事情，那么，就赞美其最细小的进步，而且是每一次的进步吧！每个人都需要诚恳的认同和慷慨的赞美。

信任是最好的激励

如果对某个人表现出充分的信任，那对方就会在你的这份信任下努力达到你所期望的目标。

除此之外，在现实生活中，信任也是一种最好的激励。比如说家长想要孩子达到某一目标时，他并不是谆谆地对孩子进行说教，而是说一句"你能行"这样的表达充分信任的话，或者做一个信任的手势等。孩子就会因此而努力达到目标。所以要想激励别人时，不妨拿出你的信任。

利益能使人"心动"

说服他人时，从对方的利益出发，很容易让别人"心动"。例如，医院在给肿瘤患者做放疗时，每周测一次血常规，有的患者拒绝检查，主要是因为他们没意识到这种监测的目的是保护自己。

说服他人时，需要用一种激励的手段，要尊重对方的自尊心，不要随意批评对方。因为考虑问题的角度不同，人们会选择不同的行为来维护自己的权益。就像上述例子中，如果医生说："你不能这样做！""你怎么能这样做呢？""你怎么又不抽血呢？就你的主意多！"……这些批评人的话，非常容易引起患者反感，也不会配合他，反而达不到说服的目的。

虽然用利益来说服对方是一种很有用的方法，但是当你说一些有利于对方的事情时，人们还是会怀疑你和你所说的话。这种时候，如果你以另一种方式去说有利于对方的事情，却可以消除这种怀疑。这种方式就是：不要直接阐述，而是引用他人的话，让别人来替你说话，即使那些人并不在现场，也会达到所要的效果。

因为人们通常很少怀疑你间接描述的事实的真实性，会认为你是站在他的角度看待和分析问题。但是，如果你直接说出来，他们就会深表怀疑。因此，要通过第三者的嘴去说服他人。

机言巧语，达到激励的目的

孟子曾是这样激励齐宣王推行王道的：

当齐宣王要求他讲述关于齐桓公和晋文公称霸诸侯的事情时，他却说孔子的弟子没有记述过这些事情，所以后来就没有传述下来。就这样很自然地就搪塞过去了，还迅速地将话题转移到了王道上来，将话语的主动权抢先掌握在自己的手中。

　　当齐宣王问他品德达到了什么样的程度才可以称王时，他简洁、干脆而又有力地回答："保民而王，莫之能御也。"他很清楚这一次谈话的中心，这也使齐宣王有了和他进一步谈话的兴致，马上就又问道："若寡人者，可以保民乎？"孟子只用了一个字"可"来回答，这又进一步撩拨了齐宣王认识王道的兴致。

　　齐宣王问："何由知吾可也？"孟子很清楚齐宣王的心理，充分地考虑到了作为高高在上的君王的一种个性，所以他通过齐宣王亲身经历的一件事情来打开话题。

　　在讲述齐宣王用羊易牛这件事情上他也不忘夸耀齐宣王的仁慈之心，所以齐宣王马上高兴起来。因此，孟子大谈王道才不会对牛弹琴。

　　齐宣王这个时候也认为他和孟子有共同语言，孟子的话一出在他的心里掀起了几丝的波澜，而且此时他的心灵产生了一种触动，所以就主动地询问不忍心和王道二者之间的关系。

　　孟子没有立刻就此做出回答，他只是很机智地暂时转移话题，还讲述了"不能"和"不为"两者之间的关系，没有空洞的说教，只是运用比喻，将齐宣王未推恩给百姓比作力足举百钧而不能举一羽，明察秋毫之后却未见舆薪，让他不得不承认自己不是"不能"，而是"不为"。

当齐宣王想要彻底地搞清楚"不能"和"不为"到底有什么区别的时候，孟子还是运用比喻，将"挟泰山以超北海"比作"不能"，将不能"为长者折枝"比作"不为"。

语言很简单，但是意思很明白，并且说理很透彻清楚。接着孟子还顺利地劝导了齐宣王推恩于天下并让他好好地思考一下，认真地想想自己为什么不能够做到。

到这个时候齐宣王多少应该明白不忍之心和王道两者之间的关系，他也应该知道"不忍之心"也是推行王道的一个很重要的条件。

当齐宣王或许还在继续思索的时候，孟子又一次转移了话题，他询问了齐宣王"难道大兴战争，危害士臣，在诸侯间结怨就是为了能够满足心里快活吗？"这样的问话，就逼着齐宣王说出他并不是为了内心的快活，而是为了寻求自己所最想要的东西。

孟子还是追问下去："大欲是什么？"当齐宣王笑着而

不说什么的时候，孟子就运用排比的句式进行了一连串的发问，当齐宣王全部否认了以后，孟子便一针见血地道明他的"大欲"——称霸中原、称霸天下，让其他诸侯国俯首称臣。

说过之后，他马上又运用了一个比喻，把此举比作缘木求鱼，忠告齐宣王这样的野心是很难得逞的，而且后果是很严重的。齐宣王听了以后内心自然特别慌张，所以就急着问究竟会有什么样的恶果。

然后孟子就用类比的手法，举出了邹与楚战的例子来向他阐明后果，并劝导齐宣王推行王道，还向他展示了一幅美丽的画面：天下贤士到那时都归于他，耕者、商贾、旅行者都来靠近他，天下的百姓若是憎恨他们的君王也都会到你这里来控诉他们君王的罪过。在这里，他的语言运用了排比和修辞手法，这也使得齐宣王听起来心里觉得美滋滋的。

齐宣王最后还是心悦诚服的，等到他醒悟过来后，他还主动地请求孟子告诉他如何具体地推行这种王道。

孟子就是运用自己的口才机智地完成了对齐宣王的游说。

现代社会中，如果我们想激励别人去做某一件事，而事情又不宜直说，这种时候就不妨采用一下孟子的方法达到目的。

演讲语言要幽默风趣

得体的幽默能取悦人心，远离尴尬

人际交往的各个方面，莫不需要幽默的鼎力支持。实际上，得体的幽默最能取悦人心，幽默称得上一个具有亲和力的"形象大使"。

幽默正被越来越多的人所应用。

有时候人际交往会处在一个尴尬的境地，这个时候需要的仅仅是一句幽默的话语来打破原有的压抑，活跃气氛。

说笑能极大地缓解尴尬气氛，甚至在笑声中，这种难堪场面会瞬间消失，以致人们很快忘却。

尴尬是在生活中遇到处境窘困、不易处理的场面而使人张口结舌、面红耳赤的一种心理紧张状态。在这种时候，人们感觉比受到公开的批评还难受，引起面孔充血、心跳加快、讲话结巴等。主动讲个笑话逗大家笑，绝对是减轻该症状的良方，尤其是在很多人看着你的时候。

所以面临尴尬时，千万不要慌张，试着说一些幽默的话语，就会将你从尴尬中轻松解救出来。

巧用幽默化干戈为玉帛

幽默运用得好，能够化干戈为玉帛，就拿谈判来说，一般人都会认为，谈判是很庄重与严肃的。其实谈判中运用幽默技巧，可以缓和紧张形势，促成友好和谐的气氛，也就缩短了双方的心理距离，钝化了对立感。因此，幽默能使你在谈判中左右逢源，常常在"山重水复疑无路"时变得"柳暗花明又一村"。因为，谈判时具有幽默心理能使你情绪良好，充满自信，思路清晰，判断准确。

人与人之间思想不同是必然的，因为我们每个人都顶着不同的脑袋，但是，当发生意见相左的时候，要会用技巧，不使得气氛弄僵，也避免让双方的对话进入死胡同，变成意气用事。运用幽默就是一种很好的化干戈为玉帛的方法。

不妨来点诙谐式批评

赤裸裸地批判人家的不是，很可能会引起别人的怨恨。如果对方是自己的上司，自己的前途也可能大受影响。可是，如果对方的表现实在有令人不吐一言则不快时，最有效的是，说一句幽默式的笑话吧！

身为主管的人，难免有不得不斥责属下的情况。可是有许多人不会处理，却转而变成喜欢唠叨的人，斥责别人时，最大的难点是，稍有不当就会伤害到对方的自尊心。所以，不能伤其自尊，而且要设法让他们愿意自动自发。这就需要培养自己的幽默感。

当然幽默风趣的话跟笑话是不同的。一般的笑话或许会博人一笑，可是除了引人发笑之外，在说服、辩解、反论上丝毫不会有效果。而一则幽默的话，在事后会让听者有如梦初醒的顿悟。

很多谈话高手在批评别人时，都会选择一种委婉的方式，而不是直言直语。高明的批评者，总是把批评和责备隐藏于嬉笑怒骂之间。这种批评方式是极为隐藏和巧妙的，因此对方较容易接受。

一个人说话幽默风趣，能使听者在含笑中评判是非，领悟哲理，增长智慧。风趣幽默是在说活中将人的智慧和语言技巧巧妙地结合起来，提示出事物的深刻含义，富有哲理，含不尽之意于言外。

诙谐式批评，不仅使人感到轻松、愉快，而且寓意深刻，也使人在笑声中领悟其中的哲理。

幽默夸张博取信任

幽默的力量可以帮助你迎接事业和人生的挑战，获得别人的信任，享受成功的愉快。

如果你已经利用幽默力量来帮助你成功迈进，你也就能对挫折一笑置之，坦然开自己的玩笑，并且关心别人，更重要的是以轻松面对自己，而以严肃面对自己的新角色。

如果你也能运用幽默力量去帮助他人更上一层楼，那么你就会获取更多的信任，同时你自己也能向前迈进。

名人的幽默

幽默是许多名人的成功素质之一，幽默能帮助他们从无名小卒成长为叱咤风云的大人物，给他们的人格增添生机无限的魅力。

下面就来看看陈毅的幽默。

儒帅陈毅文韬武略，谈吐机敏而风趣。他讲话不用稿子，却口吐莲花，辞采动人，令人折服。

一次会议上，他拿着"发言稿"登台讲演，还不时瞧瞧。

大家用心听着，一字不肯放过，洪亮的话语不时埋在热烈的掌声中，会后有人发现那份"发言稿"原来是张白纸。人们问他："您怎么用张空白稿啊？"他回答："不用稿子，人们会说我不严肃，信口开河。"

幽默是一种逆向与放射式的思维方法。国外曾经有学者做过调查，成功人士的幽默程度往往比一般人要高。他们的幽默与亲和力自然广受人们的欢迎，对人与事物的看法经常与众不同。

幽默不只是听一听笑话，哈哈一笑而已，真正的幽默，是有目的、有情境、能化解问题的一种方式。幽默是解决各种人生问题最快捷、也最不会引起后遗症的方法。

演讲语言要讲分寸

我们在演讲及日常交往中，使用得体的语言，把握说话的分寸，尊重自己、尊重他人，这样才能使语言成为人与人之间情感沟通的桥梁，才能使得交往得以维持并向更为密切的方向发展。

开玩笑的分寸

不难发现，生活中那些会开玩笑的人特别受欢迎。他们凭借一个得体的玩笑，不仅给他人带来了欢乐，而且能迅速获得别人的好感。把握好开玩笑的分寸，才能成功地开玩笑。

（一）开玩笑有轻有重

开玩笑要做到有轻有重，而"重"的玩笑多半是开不得的，它只能在比较特殊的场合才能开。若在一般场合开比较"重"的玩笑，可能就不再可笑了，甚至会变质成悲剧。朋友聚会，为了活跃气氛，应该选择一些比较轻松的玩笑开，如果不是特殊需要，切不可开比较"重"的玩笑。

演讲者在演讲中可以适当地列举一些例子来增强演讲现场的气氛，但是要注意不要把快乐建立在别人的痛苦上。过多地以其他人的过错来开玩笑，会使听众产生排斥感。

（二）不拿别人的隐私开玩笑

玩笑是生活的调味品，适当地开个玩笑，不仅可以调节气氛，减轻疲劳，而且能缩短与朋友和同事之间的距离。一句玩笑话可以化干戈为玉帛，消除积怨，一句玩笑话也可以批评或拒绝某人的要求。

但是开玩笑时必须注意尺度和分寸，尤其不要拿别人的隐私开玩笑。因为每个人都有隐私，也不允许别人触及自己的隐私。一旦有人喜欢拿别人的隐私开玩笑，那他必定是一个不受欢迎的人。

调侃时说出了他人的隐私，有时是言者无意，但听者有心。他会认为你是有意跟他过不去，从此对你恨之入骨。

心理学研究表明：谁都不愿把自己的错误和隐私在公众面前"曝光"，一旦被人曝光，就会感到难堪而愤怒。因此，在与人交往谈话中，如果不是为了某种特殊需要，一般应尽量避免接触这些敏感区，避免使对方当众出丑。必要时可采用委婉的话暗示你已知道他的错处或隐私，让他感到有压力而不得不改正。知趣的、会权衡的人须"点到即止"，一般是会顾全双方的脸面而悄悄收场的。当面揭短，让对方出了丑，说不定会使他人恼羞成怒，或者干脆耍赖，出现很难堪的局面。至于一些纯属隐私，非原则性的错处，还是那种方法：装聋作哑，千万别去追究。

（三）开玩笑要分清对象

开玩笑一定要注意区分对象。

黑色玩笑对一个人的影响力很大，同时黑色玩笑背后隐藏了一个人性的弱点——任何人都不会笑着面对被揭开的疮疤。

（四）玩笑不要用语低俗

开玩笑是运用幽默的语言，有技巧地进行思想和感情交流的艺术。这就要求在开玩笑时要注意语言必须纯洁、文雅。太庸俗、太低级下流的笑话不仅使语言环境充满丑恶的气味，也是对听者的一种侮辱，更有损于你的形象。

所以在开玩笑时，要注意多说些健康的事、有哲理意义的言辞，摒弃那些庸俗、肉麻的话题。

健康、风趣的幽默自然受大家欢迎，也易让人接受。正如英国著名戏剧家莎士比亚说过的：幽默和风趣是智慧的闪现。同样，法国作家雷格威更断言，幽默是比握手更进步的大文明。但在幽默过程中我们应尽量避免不洁、不雅的内容和形式出现。

批评的分寸

俗话说"人要脸，树要皮"，谁都不希望被别人知道自己被批评了。在工作中，上级经常会有给下级提意见或进行批评教育的情况，但一定要注意把握好分寸，不要让他们产生倦怠和逆反心理。

有些演讲中通常会涉及一些批评的内容，这时就要记得批评也要留几分面子给对方。不计后果的批评，经常会出现在离职演讲中，因为是离职所以觉得可以畅所欲言，很多人都会把原公司批得一无是处，这样做的后果是虽然一时心里舒畅，但是将来就再也不能和原公司合作了。

（一）批评留三分

人人都有自尊，都有保护自尊的心理倾向。任何一个谈话高手都知道，批评的话最好不超过三四句。优秀的演讲者，在对别人进行批评教育时，总是三言两语见好就收，不忘给对方留一定的余地，而有的人就不是这样了，他们总是不肯善罢甘休，非把对方批得"体无完肤"不可，结果是过犹不及，往往把事情推到了反面。

一般来说，批评应该适可而止，没有必要把对方置于"死地"，让对方无颜面示人，因为我们批评的目的是治病救人，是为了帮助别人。

从另一个角度来说，人与人之间的个人感情是不能回避的，随着社会的发展，人际的人情味也会越来越浓。社会越前进，分工越细，人际的感情依存性越强，人的情感就更加显得可贵。

这个问题有利也有弊，作为领导者应该正视这个问题，尽力做好工作。比如一些影响不大，又不属于原则性的错误，进行了批评，达到了批评的目的，就可不再声张，甚至也不再言及领导班子中的其他人。有时也可直接告诉被批评者，说明到此为止，不再告之他人。这都可使对方得到尊严上的安全感，产生情感约束力。

大多数人的本质都应该是积极的，那种冥顽不灵、屡教不改的"老油条"还是少数，多数人会有一份神圣不可亵渎的尊严，在批评教育时一定要本着这个前提来进行。

（二）批评要分清场合

聪明的批评者知道在什么场合说什么话，从而创造出一个批评下级的良好时机。愚蠢的批评者则往往不分场合，不看火候，随便行使权力，大耍威风，结果反而使问题变得更加复杂和严峻。通常批评宜在小范围里进行，这样会创造亲近融洽的语言环境。实在有必要在公众场合批评时，措辞也要审慎，不宜大兴问罪之师。

大量事实说明，恰当地选择批评的时机和场合，对于优化批评的效果是十分重要的。批评的目的和内容都正确，选择的场合和时机不当，也会导致批评的失败。毕竟批评的目的只在于纠正错误，期望改正，而不在于负面打击。

（三）不翻老账

许多人总是对以前曾犯过错误、受过处分甚至惩罚的人，抱有很深的成见。这样，在对他们进行批评教育时，就会自觉不自觉地把眼前的事和以前的事扯到一块儿，翻老账。而这往往就触动了别人最敏感的、最不愿意让他人触摸的神经，从而使人产生极大的反感。

批评应针对当前发生的问题，翻老账会使下属产生逆反心理，直觉告诉他领导一直在做收集他全部缺点的工作，这一次是在和他算总账，因而会产生对立情绪，不会做出任何配合。

驾驶员因违反交通规则而受罚时，有的会乖乖顺从，有的却想尽办法推脱。为什么会产生这种差别？这和警察对驾驶员的态度有一定的关系。特别是当警察看到驾照违例记载栏时的反应，会直接影响警察的态度。

驾照中有违例记载的驾驶员，都不希望别人看到。而警察因为要执行勤务，有责任查看。但看过违例内容后，应避免再追问，只处理当天的案件即可，这样的话，驾驶员更容易听从处理。如果警察表现出不屑的样子，并盘问不休，驾驶员可能会很反感。

就心理学的观点来说，驾驶员这样的反应是人之常情。弗洛伊德曾说："人具有抹杀不愉快记忆的潜在欲求。"这意味着任何人都难以接受别人用过去来评价现在的自己。尤其是过去犯错已获得应有的惩罚，而现在再揭发，无疑是被强迫接受多余的惩罚，所以明显表示出抵制情绪也是不足为怪的。

批评人时必须认清这种心理，就算不得不提及以往的错误，也要有意避开，以便制造容易接受批评的心理状况。

（四）不要一棒子把人"打死"

当有些错误必须当面指出的时候，有一件事是你一定要做的，那就是批评之后给对方铺退路。

精明的人在说话时都懂得不撕破脸，在对方没有退路时给对方铺退路。这样对方也会自知理亏，而早早收场，不再纠缠。

1909 年，德皇威廉二世执政，他目空一切，发表了一篇荒诞绝伦的演说，他说德国是世界和平的主宰，只有使德国建立强大的陆海军才能稳定欧洲，并且维持英国的利益。他还声称自己是英国友人，他曾使英国不受俄法两国的压力在非洲获得胜利。

这篇演说在新闻上一刊登，举世震惊，并把整个局势搅得越发混乱。世人都对这篇骄横狂妄的演说加以攻击评论，尤其是在英国最为激烈，连德国的政客亦不胜惊惶，德皇至此也后悔不该说那么露骨的话。为了保持自己的尊严，德皇就把责任推到总理大臣布洛克亲王身上，叫他来声明那篇演说是出自亲王的建议。布洛克得知此事后就对德皇说："陛下，恐怕世人不会相信它是事实。"德皇闻之大怒，便说："你以为我是笨猪，能犯你永不犯的错误。"布洛克立即发现自己的错误，于是连忙改正说："陛下，我说的话绝无这个意思，实际上陛下各方面的学识都远胜过我，我所懂的只是军事和外交上的一些粗浅知识，而陛下在这方面懂得比我多得多，并且精通一切自然科学。陛下每次谈及各种科学原理时，我都深感佩服，因为我完全是个外行，一点儿都不懂。"

德皇经过他这样一补充，心中的不快顿时全消，因为他相信布洛克没有鄙视之意，并且敬佩自己的才能，于是很高兴地握着布洛克的手说："我们继续互相合作，团结一致，如果有人说布洛克不好，我将对他的鼻子猛击一拳！"

其实，事后德皇也心知肚明自己的不足，重新考虑了布洛克所说的话，只不过当时被人弄得下不了台，自然是非常恼火的。在这个时候，指责的人就要赶快给他铺条退路，好让他风风光光地退场。

说服与劝阻的分寸

每个人的见解、主张都是经过长期的生活经验形成的，你不可能在短时间内通过一场争论改变它。因此，当你遇到与别人意见不同的情况时，一方面不要太过心急地要求别人立刻同意你的看法，应该学会理解、同情对方，容许别人作更多地考虑。另一方面也不要因别人的意见一时和自己不同，就说什么"话不投机半句多"，跟人断绝交往，闭口不说话。如果你能很礼貌又很谦虚地听取别人不同的见解、主张，必然受到人们的欢迎和尊敬。

（一）动辄争辩只会激化矛盾

留心我们的周围，争辩几乎无处不在。一场电影、一部小说能引起争辩，一个特殊事件、某个社会问题能引起争辩，甚至，某人的发式与装饰也能引起争辩。而且往往争辩留给我们的印象是不愉快的，因为它的目标指向很明白：每一方都以对方为"敌"，试图以一己的观念强加于彼。

你喜欢和人争辩，是否以为你用争论压倒了对方，对方就会被你说服呢？你要明白，你必定压不倒对方。即使对方表面屈服了，心里也必悻悻然，你一点好处也得不到的，而害处却多了。好争辩，第一使你损害了别人的自尊心，令人对你心生反感；第二使你很容易犯专去挑剔别人缺点的恶习；第三使你变得骄傲；第四你将因此失掉一切的朋友。

你可以阐述你的主张，但是不可在谈话中处处争辩。说服别人的才智是可敬佩的，但不是好胜。而且，你应该听过大智若愚的话吧，修养高的人，绝不肯与人计较的。

学习尊重别人的意见。好胜是大多数人的弱点，没有人肯自认失败，所以一切的争辩都是没有必要的。谈话的艺术就是提醒你怎样游出这愚蠢的旋涡，更清醒地去应付一切。如果能够常常尊重别人的意见，你的意见也必被人尊重，如此，你所主张的就很容易得人拥护，而不必把精神花在无益的争辩上。你可以实现你的主张，你可左右别人的计划，但不是用争辩的方法来获取。

如果你想借某一问题增加你的学识，你应该虚心地请教，而不要企图借助争辩。请记得：争辩是一个无期的战争。

切记："常有理"不是金口才，说服别人时，有输才有赢。给对方留一点空间，也就给自己留下了回旋的余地，离你的目的也就更近了。

当你觉得某些情况下不得不争论一番时，最好先问自己如下几个问题。

这次争辩的意义何在？如果是一些根本就不相干的小事情，我们还是避免争论为妙。

这次争辩的欲望是基于理智还是感情（虚荣心或表现欲等）？如果是后者，则不必再争论下去了。

对方对自己是否有深刻的成见？如果是，自己这样岂不是雪上加霜？

自己在这次争论当中究竟可以得到什么？又可以证明什么？

心理学家高伯特普曾经说过："人们只在无关痛痒的旧事情上才'无伤大雅'地认错。"这句话虽然不胜幽默，却是事实。

（二）劝阻听众的分寸

劝阻别人，本是一种与人为善的美好情操，也是社会成员应该履行的道德义务。然而有好多人虽是怀着一片诚意苦口婆心地对别人进行说服、劝阻，结果却是费力不讨好，不仅得不到对方的感激，反而会受到周围舆论的讥讽和指责。究其原因，可能就在于没有掌握好劝阻的分寸与技巧。

劝阻别人最忌讳的就是下面几点。

1. 激化矛盾

大量的说服事例表明，因说服而使矛盾更加激化了的情况主要有两类。

第一类是强化了对方本来就不该有的消极情绪，从而火上浇油，扩大了事态。

第二类是"惹火烧身"。因说服方法不当，激怒了对方，使对方把全部的不满和怨恨情绪都转移到你身上，你成了他的对立面和"出气筒"。

所以要想做说服者，就要有涵养，有博大的胸怀和宽厚仁义的气质。遇到上述情况，绝不可为了顾全自己的面子而反唇相讥，以牙还牙，使玉帛变干戈。

2. 急于求成

说服别人时，如果条件不具备就急于求成，不前思后想，总想一劳永逸，其结果往往事倍功半，"成"效甚微，甚至把矛盾激化。

3. 官腔官调

官腔官调会给人一种高高在上、唯我独尊、主观武断的官僚作风和指手画脚、发号施令的印象，这对于说服是十分不利的。

所以在说服时还必须注意坚持实事求是的态度，慎用套话，加强语言表达能力的培养。

4. 不分场合

如果不分场合，信口开河，不管人前人后，指名道姓地对人说"理"，结果往往不佳，搞不好还会出现与说服动机相反的结果。

因此，在劝阻别人之前，要事先想好自己该说什么、该怎样说等问题。掌握好劝阻别人的分寸，以免吃力不讨好。

（三）给人台阶下

当说服别人时，对方可能会有下不来台的时候。这种时候如果能巧妙地给人台阶下，就可以缓和紧张难堪的气氛，使事情能顺利进行。同时因为我们给对方台阶下，就给对方挽回了面子。所以要达到这样的目的，就应该学会使用下列的技巧，给人台阶下。

如给对方寻找一个善意的动机，装作不理解对方尴尬举动的真实含义，故意给对方找一个善意的行为动机，给对方铺一个台阶下。

（四）将尴尬的事情严肃化

当演讲者在演讲中遭遇了尴尬的情况，可以用严肃的态度来化解事件。

演讲者为了帮助自己或者听众摆脱窘境，恢复会场的气氛，可以采用将可笑事件严肃化的办法，这样不但尴尬一扫而尽，还能成为在场的焦点人物。

由此可见，在说服别人的时候，一定要给人台阶下，这样于己于人都是有利的。

（五）响鼓不用重锤敲

有的批评者明白这一道理，更是采取一种十分高明的暗示手段，效果不一般，这就是请教式批评。

1887 年 3 月 8 日，美国伟大的牧师及演说家亨利·华德·毕奇尔逝世。就在那个星期天，莱曼·阿伯特应邀向那些因毕奇尔的去世而哀伤不已的牧师们演说。他急于做最佳表现，因此把他的讲道词写了又改，改了又写，并像大作家福楼拜那样谨慎地加以润饰，然后读给他的妻子听。

实际上，他写得很不好，就像大部分他以前写的演说一样。如果他的妻子不懂得批评的技巧，她也许就会说："莱曼，你写得真是糟糕，念起来就像一部百科全书似的，你会使所有听众都睡着的。你已经传道这么多年了，应该有更好的认识才是，看在上帝的份儿上，你为什么不像普通人那般说话？你为什么不表现得自然一点？如果你念出这样的一篇东西，只会自取其辱。"她"也许"会这么说，而且如果她真的那么说了，其后果是可想而知的。

但是，她只是说，这篇讲稿若登在《北美评论》杂志上，将是一篇极佳的文章。换句话说，她称赞了这篇讲稿，但同时很巧妙地暗示，如果用这篇讲稿来演说，将不会有好效果。莱曼·阿伯特知道她的意思，于是把他细心准备的原稿撕碎，后来讲道时甚至不用笔记。

批评的话并不是随口说出来的，我们必须思考应该以什么样的方式把它说出来而不会让对方难堪。对于那些有自知之明的人，最好采用暗示的方式，因为这样做就可以达到劝说的目的了，无须再把话挑明，多加一层伤害。

拒绝过分提问的分寸

"不"字是很难说出口的，但很多时候我们不得不去拒绝别人。这种时候要注意分寸，不要伤害到别人的感情，使得关系僵化。

（一）通过暗示来说"不"

许多人都苦于找不到合适的办法，其实通过暗示来说"不"是一种不错的选择。当然这种暗示可以是语言的暗示，也可以是身体动作的暗示。

所以，一定要学会一套巧妙的暗示拒绝法，在短时间内表达出"不"的意思，把正事办妥，并且做到不伤和气地拒绝。

（二）要顾及对方的尊严

拒绝别人时，要顾及对方的尊严。因为自尊之心，人皆有之。人们一旦进入社交场合，无论他的地位、职务多高，成就多大，他们无一例外地都关心外界对自己的评价。由于来自外界评价的性质、强度和方式不同，人们会相应地做出不同反应，并对交际过程及其结果产生积极或消极的影响。通常的规律是：尊之则悦，不尊则哀。也就是说，当得到肯定的评价时，人们的自尊心理得到满足，便会产生一种成功的情绪体验，表现出欢愉乐观和兴奋激动的心情，进而"投桃报李"，对满足自己自尊欲望的人产生好感和亲近力，采取积极的合作态度，交际随之向成功的方向发展。反之，当人们不受尊重，受到不公正的评价时，便会产生失落感、不满和愤怒情绪，进而出现对抗姿态，使交际陷入危机。

在社交场合，无论是举止还是言语都应尊重他人，即使在拒绝别人的时候也要顾及对方的尊严。也只有这样，才能赢得别人的尊重。

（三）把握说"不"的分寸

对别人说不，如果表达得巧妙可以使双方皆大欢喜；但如果说得不好就会得罪别人。所以在对别人说"不"的时候就要注意分寸，下面有几个小窍门不妨参考一下。

1. 用拖延表示"不"

当听众询问："你觉得你能否胜任这个工作？"

这时可以回答"这个问题我们后面会说到"，或者"我现在不回答这个问题，但是路遥知马力，日久见人心"。

2. 用推脱表示"不"

当一个明星被询问是否有恋人时，可以回答："我其实很想回答你的问题，但是我现在还不知道答案。"

3. 用客气表示"不"

当听众询问了很隐私的问题时，可以回答："我很高兴你这么关心我，但是这个问题不适合在这里讨论。"

4. 用外交辞令说"不"

外交官们在遇到他们不想回答或不愿回答的问题时，总是用一句话来搪塞："无可奉告。"生活中，当我们暂时无法说"是与不是"时，也可用这句话。

还有一些话可以用作搪塞："天知道。""事实会告诉你的。""这个嘛……难说。"

当你想拒绝别人而羞于说"不"的时候，不妨借鉴上述方法吧。但是，在处理重大事务时，容不得半点含糊，应当明确地说"不"。

化解矛盾冲突的分寸

人际交往中，总是会有一些意见不合的情况发生，在这种情况下，我们不能意气用事，要找到合理的解决方法，心平气和地解决矛盾。

（一）避免语言冲突的分寸

语言上的冲突，其表现形式是多种多样的，比如反问、责问、嘲骂、谩骂等，有时候还会表现在一些体态语中，比如皱眉头、不屑一顾等。

人际交往中的语言冲突是十分有害的，它很容易造成一些尴尬的局面，甚至产生不可预想的结果，这对交往是十分不利的。所以，在与人交谈的过程中，应极力避免冲突。要避免冲突首先就要提升自身的修养，避免与他人起冲突。再者，对于别人无意间的语言冲撞也要表现出应有的大度，让自己占据主动优势。即使别人有意冲撞，你对之进行反驳时，也要严守一个"度"，把握住应有的分寸，否则就会造成不必要的损失。

如果双方冲突的局面已经形成，你不妨采用下列的办法一试。

1. 暂时回避

当你在演讲中，或与人接触受了一些气时，最好是先让自己冷静，用一切方法来解除你的烦恼，直到恢复你的心情为止。

2. 一笑了之

对待那些无伤大雅、争论起来也无甚意义的冲撞，不妨像苏格拉底一样诙谐对待，一笑了之。

3. 先声夺人

在你洞明对方故意要弄手腕，欲寻衅冲撞时，就可抓住要害，先发制人，开门见山，旗帜鲜明地亮出自己的观点。这不啻给对方以"当头棒喝"，给他一个下马威，制服对方，从而避免冲撞。

特别值得提醒的是，避免言语冲撞不能靠谩骂、翻白眼、斗殴等消极的方式，否则，不但不能避免冲撞，反而会使冲撞加剧，使势态更恶劣化。

谨慎用语，力避冲撞，这是人际交往及演讲中不能不加注意的重要之点，特别是那些涉世未深、年轻气盛的年轻人更要注意。

当然，如果你面前的是一位野蛮、粗俗、无理的人，你还可以采取据理力争的方法，坚持原则，绝不迁就软弱，争端自然会解决。

双方相争，必有一伤，也可能两败俱伤，所以在与别人交往及演讲的过程中，必须注意避免语言冲突的分寸与艺术，以免让情形不可收拾。

（二）应对羞辱要有分寸

社会是纷繁复杂的，所以在人际交往中，不是所有的语言都如朋友欢聚时那样融洽和富有情调。所以在许多场合，人与人之间不可避免会产生纷争与矛盾，比如说有的人会被别人羞辱。

被别人羞辱着实是一件令人恼火的事情。它意味着尊严受到侵犯，感情受到损伤。虽然羞辱你的人来势汹汹，张牙舞爪，咄咄逼人，但在这场羞辱与反羞辱的争斗中，何方取胜却还是一个未知数。这关键要看被羞辱的一方如何把握应付的分寸，如何化被动为主动。

尽管羞辱人的言语是卑鄙的、恶毒的、残酷的、无聊的，但你不可以被他的一句羞辱而气愤得像他一样失去理智。应付他的基本对策是保持冷静、镇定，这样你才能稳操胜券。

不理睬他人对自己的无礼攻击，便是给他的最严厉的迎头痛击。由此可见，保持冷静、保持沉默是应付羞辱的最好"盾牌"，即使"长矛"再锋利也无法刺穿。

如果有人故意让你出丑，让你难堪，你完全可以以牙还牙，采取更严厉的措施。有时你必须打破僵局，使这种窘迫场面马上结束，可以这样说："你显然是想存心让我下不了台，能告诉我你这样做的目的吗？"或者说："你似乎有些心烦意乱，我是否有什么地方惹你不高兴了？你能告诉我吗？"

比如说当对方很生气地问：

"你以为你是什么人？"这种时候，你可以采取以下几种方式来回答。

1. 不要动怒，索性把他的话点明："依你看我要是某某人才够资格和你说话，是吗？"如果对方说"是"，这时，你可以反击一下问："那你自以为是什么人？"

2. 谦和一点，用开玩笑的方式："天气不好时，我就自以为是拿破仑。"或者说："现在吗？我自以为是一个受害者。"

3. 指指旁边的人："我自以为是他，你再问问他自以为是谁？"

人与人相处，可能产生的摩擦有好多种，更复杂琐碎的情况要在实践中认真地对待。

摆脱窘境讲尺度

在与人交往中，常常会遇到一些别有用心的人，他们的话语会使我们陷入窘迫的境地。这种时候，我们应该如何说话呢？

总的原则是首先要保持情绪上的冷静、镇定，明辨事理，说话得体；该直言不讳的，不能含糊其词；该巧妙回答的，就要语出惊人，语意深长；该含糊的也不能直言不讳；该沉默的就沉默……总之，从实际出发，看情况而定，对症下药。

但有一点要特别注意：当有人存心刁难或羞辱你，并使你的感情受到伤害的时候，你千万不要只顾气愤、动怒发火，不要硬着头皮去硬顶。那样就会落入他的圈套，扩大事态，于己更为不利；你也不能张口结舌，或满脸羞红，那样会使对方觉得你软弱可欺，他很可能会变本加厉地嘲弄你。唯一的办法是：头脑冷静，控制情绪，迅速开动脑筋，调整思维，运用语言的艺术特别是以急中生智的幽默的方式去对付。

你可以运用下列方法帮助你摆脱窘境。

（一）巧妙避开话题

有些问题很难准确回答或做出结论，直言相告可能会令人难以接受。碰到这类问题时，不要拘泥于正面解答，而要说一些与此相关的事物来引导对方深思，或是借取比喻、假设、移花接木等方式，含蓄作答，略加暗示。这样，既不脱离所提出的问题，使对方满意；又可巧妙地避开疑难之处，超脱自如。

（二）含糊其词

在某些场合，尤其是社交和外交场合，对于某些难以回答而又不好回避的问题，你可以含糊其词，模棱两可，作隐晦笼统的回答，如"可能是这样"，"我也不太了解"，等等。有时候也可用体态语言略有表示，以便有所回应而又避免明确表态，既摆脱了对方的纠缠，又给自己留下了回旋的余地。

（三）装聋作哑

在某种场合，如果处境不利而又无计可施，什么也不能表示，那就索性装聋作哑，避免落入对方设计的圈套，更加被动。

1945 年 7 月，苏、美、英三国首脑在波茨坦会谈。一次休息时，美国总统杜鲁门有意对斯大林透露：美国已研制出一种威力极大的炸弹，即暗示美国已拥有原子弹。这时，丘吉尔也两眼死盯着斯大林的面孔，观察反应。而斯大林好像什么都没听见，未显露出丝毫异常的表情。其实，他听得很清楚，当然也听出了杜鲁门的弦外之音，内心焦灼。会后，他告诉莫洛托夫："加快我们的研制进度。"

一个人面临这种窘境，拿腔作调反而会暴露缺点，还不如装聋作哑，暗中使劲。

（四）直言不讳

假如朋友或同事在公开场合责备你，而情况又不属实，一定使人难堪。你可以心平气和地直言："我们是否私下谈谈这个问题？我要求你把情况搞清楚了再说话。如果你不注意尊重事实，那我以后很难再信赖你。"倘若是你的亲友无故责怪你，你就明确地说："你已经让我难堪了，但你总该告诉我这都是什么缘故吧？我什么地方把你得罪了？"当然，假若做错了什么事，哪怕不是有意的，也要诚恳道歉。

所以，每当你面临窘境时，一定要保持头脑冷静，控制好自己的情绪，运用恰当的语言艺术来迅速摆脱。

打破僵局有分寸

人际关系是复杂的，所以交往谈话时难免会出现不和。在事情发生以后，有的人试图通过交谈重归于好，但又往往因为话不投机，双方越谈越僵。因此，如何能打破谈话的僵局就成为许多人急于解决的问题。

由于人们的年龄及所受的教育或所处的环境不同，所以打破僵局的交谈就要善于抓住对方的特点，把握好说话的分寸。主要有以下几种情况。

（一）看清对方性格再说话

人的性格不同，在语言上会呈现出各自不同的特点。

一般来说，性格暴躁型的人喜欢直言快语，厌恶啰唆重复。但他们"火气旺"，脾气大，易与人顶嘴、吵架。当与他们谈话时，应该运用谦和的语气，从启发、自责的方面去说。

性格外向型的人比较能言善辩，说话也比较圆滑，当话不投机时，会运用语言工具与对方争论，但过后不久，不快的情绪就烟消云散。我们与这种性格类型的人谈话，宜单刀直入、开诚布公，以有力的事实和道理进行规劝和说服。

性格倔强型的人，言辞稳重，语态镇静，不易动气，但比较固执，难以听进不同的意见，当对方话题中涉及自己的问题时，会反复解释。性格内向型人，言语比较温和，语调低沉轻细，但很计较对方说话的态度，重视对方话语中的用词和语气，我们如果稍有不慎，就容易使对方产生疑心和忧愁。与己不和者如属于这两种气质类型，我们与其谈话时，就要运用"迂回战术"，多用婉转、暗示、商讨性的语言。

（二）分清对方年龄再说话

心理学告诉我们，老年人最关心自己的身体状况，最希望得到晚辈的尊重。因此，当与己不和者是位年过半百的长辈时，见面后的第一句话应该带有深厚的关怀之情和强烈的道歉之意。如说："李爷爷，好久没有看望您老人家，近来身体可好？您老这么大年纪了，我还惹您生气，真是不应该，现在我给您老赔不是来了！"

而中年人最重视的是自己事业上的成就。与己不和者如果是中年人，见面后首先说的话应该带有对其事业的支持、肯定和赞许之意。如说："赵师傅，听说您的手艺越来越精了，今天我特意来登门求教。但能不能赐教，就看您能不能宽谅我上次对您的冒犯了。所以，求教之前，我必须向您老表示真诚的道歉！"

再则，与己不和者如果是位血气方刚的年轻人，见面后应该从适应其好学、敢想、爱玩、求信任等特点说起。

适应对方的心理特征，满足对方某一方面的需要，在一般情况下，与己不和者也会友好相待，从而消除了笼罩在双方之间的紧张空气，使谈话得以深入进行。

（三）把握住对方的兴趣再说话

当人们对某种事物感兴趣时，总感到称心如意，伴随着愉快情感。因此，从与己不和者感兴趣的事情说起，不仅能消除他们的敌意，而且能实现感情交流，甚至会出现"酒逢知己千杯少"的局面。对于这一点，有许多事例可以证明。

兴趣相投，爱好一致，能融化感情上的"冰霜"，打破双方谈话的僵局。当然，我们讲的兴趣爱好是指积极良好的兴趣爱好，而对那些不良的兴趣爱好，我们决不能去迎合。

总之，要想打破僵局，必须认清对方的不同特点再去说。如此一来，僵局才能被打破，双方的关系才能重归于好。

第二章　演讲前的准备

注意仪表和风度

作为一个演讲者，不但要有良好的语言表达能力，同样需要注意自己的仪表和风度。作为一名演讲者给人的第一印象是非常重要的，而听众正是通过观察一名演讲者的仪表来决定对他的第一印象。所以注重仪表和风度是演讲迈向成功的第一步，同时也是对听众的最基本的礼貌。

面带微笑可拉近同听众的距离

笑是大部分人能够做出的一个动作，我们在生活中总是不停地重复着各种笑容，所以说笑是人脸上一种最棒的表情，它能够反映出一个人的内心世界。

当一个考生面对考官时，考官的微笑可以缓解他的紧张的情绪；当一个顾客遇到问题时，服务员的一个微笑可以安抚他的情绪；一个推销员，微笑可以为他赢得客户的信任；一名教师，一个微笑可以拉近他与学生们的距离。

在运用微笑传情达意时，要真诚自然，适度得体。微笑是一个人自信的标志，是待人接物时最基本的礼貌之一，同时一个人的涵养和情感都可以通过微笑表现出来。微笑可以沟通情感，消融"坚冰"，是善意的标志、友好的使者、成功的桥梁。服务业的老板大多喜欢能够面带微笑的员工。

在大部分人中，能够展现出发自内心的微笑的人，也是心地非常善良的人，这样的人所说的话是可以让人相信的。

作为一名演讲者，在演讲中可以面带微笑，这样不但可以给听众一种温和开朗的印象，同时可以建立一种融洽气氛。

在所演讲的内容和听众的认知有所偏差，或者有刻意刁难的问题出现时，微笑可以消除听众抵触情绪，激发听众的感情，缓解场面的矛盾，避免冲突的发生。

值得我们注意的是，演讲中的微笑是要讲究时机的，如果时机不对，同样是无法取得良好的演讲效果的。

第一，在上台和下台时，要面带微笑。上台时的微笑可以给听众一个良好的第一印象，拉近演讲者与听众的关系。下台时的微笑可以给演讲做一个良好的结尾，使听众感到温馨和意犹未尽。

第二，在赞美歌颂一些人、一些事时一定要面带微笑，因为只有微笑才能代表演讲者的赞美是发自内心的，才能加强演讲的感染力。如果演讲者面无表情地发表赞美，那么就会在听众心里留下有个演讲者只是虚伪地赞美，并没有加入感情的印象，那么演讲的效果和影响力就大打折扣了。

第三，在面对听众提问时一定要面带微笑，这样做的原因有两个，一是表示对听众的尊敬，二是通过微笑鼓励听众说出自己的想法。

第四，即使遇到反对的声音，也要微笑面对。在演讲中听到不同或批判的声音，应该微笑着聆听。因为每个人的观点和看法都是不尽相同的，通过听众的反对意见，同样可以使我们学到很多东西，同时能够使得演讲现场气氛活跃起来。

第五，如果遇到了大声喧哗或者捣乱的听众，演讲者也不能大声训斥，因为一方面这是在公共场合的基本礼仪，另一方面，怒目相对，也会影响其他正常听演讲的听众，使他们觉得扫兴。所以在这种时候，作为一名演讲者，可以略略停顿一小会儿，这时一些听众会自发地维持会场的纪律，等到会场稍微安静一些时，可以面带微笑地对扰乱了演讲的人进行含蓄的批评。

微笑是我们在日常生活交谈中、辩论中、演讲中都会用到的一种表情，那么要如何微笑，微笑训练都有哪些技术上的要求呢？

我们可以借鉴摄影师在拍摄照片时常会问的问题，例如，问："肥肉肥不肥？"答："肥！"问："糖甜不甜？"答："甜。"或者说"田七""茄子"等，都可以使我们自然地做出微笑的动作。

在平时，我们可以在空闲的时候，面对镜子作微笑的练习。

看看口腔开到什么程度为宜；嘴唇呈什么形态，圆的还是扁的；嘴角是平拉还是上提。要注意，口腔打开到不露或刚露齿缝的程度，嘴唇呈扁形，嘴角微微上翘。如果能每天面对镜子练习 30 分钟，就能成为一个具有得体微笑的演讲者了。

最后要注意的一个问题就是，不是所有的演讲都要有笑容，微笑也要分清场合，如召开重要会议、处理突发事件、参加追悼大会时，就不能面带微笑。同时，其他的演讲，演讲中不能从头到尾一味地微笑，否则让人感到你像一个弥勒佛，觉得你带了一个假面具上台演讲，没有感情。尤其在不该笑的感情表达时更不能笑。

得体的穿着可以给听众留下一个良好的印象

肢体的动作同语言一样是演讲的重要组成部分，是一种重要的无声语言。而肢体语言又包括了个人的形象和动作这两个方面。

肢体语言是补充语言传播的不足的、作用于人的视觉的一种手段。

演讲者给予听众的第一印象是十分重要的，甚至可以决定听众对演讲者的态度和是否愿意认真听取演讲者的演讲。

一般人在面对一个陌生人时，只能凭着这个人的服装和仪表来判断这个人。所以要有一个好的形象，就必须从最基本的做起，注意自己的服装穿着。

中国有句古话说得好："人靠衣装马靠鞍。"其意思就是指一个人穿上好的衣服之后气质风度都会变得不一样。服装和仪表并不仅仅是一个外在形象的问题，也是一个人内在涵养的表现和反映，良好的形象是外表得体和内涵丰富的统一。

对服装和仪表最起码的要求，就是要干净、端庄、整齐，给人以清爽、精神的感觉，使人看了比较舒服。

当你意识到着装打扮的重要性时，还完全不够，如果你不会挑选、搭配，恐怕你的形象意识也是起不了作用的。

恰当的着装能够弥补自身条件的某些不足，树立起自己的独特气质，使你脱颖而出。从礼仪的角度看，着装不能简单地等同于穿衣。它是着装人基于自身的阅历修养、审美情趣、身材特点，根据不同的时间、场合、目的，力所能及地对所穿的服装进行精心的选择、搭配和组合。在各种正式场合，注重个人着装的人能体现仪表美，增加交际魅力，给人留下良好的印象，使人愿意与其深入交往，同时，注意着装也是每个事业成功者的基本素养。

首先，文明大方：忌过露、过透、过短、过紧。

整洁的衣着反映出一个人振奋、积极向上的精神状态；而褴褛、肮脏的服装，则是一个人颓废、消极、精神空虚的表现。因此，衣服要勤换、勤洗、熨平整，裤子要熨出裤线；衣扣、裤扣要扣好、裤带要系好；穿中山装应扣好风纪扣；穿长袖衬衣衣襟要塞在裤内，袖口不要卷起，短袖衫、港衫衣襟不要塞在裤内。

装饰必须端庄、大方，要让对方感到可亲、可近、可信、乐于与你交往。在演讲前，应适当打扮一下，把脸洗干净，头发梳理整齐。男士应刮胡子，女士还可化一点淡妆。一般来说，女服色彩丰富，轮廓较优美，面料较讲究，显示出秀丽、文雅、贤淑、温和等气质。男服则要求线条简洁有力，色彩沉着，衣料挺括。

其次，搭配得体：完美和谐、色彩搭配、鞋袜搭配。

服饰礼仪中所说的服饰，不完全是指我们日常生活中的衣服和装饰物，而主要是指在着装后构成的一种状态。它包括了它所表达的人的社会地位、民族习惯、风土人情以及人的修养、趣味等因素。所以不能孤立地以衣物的好与坏来评价人在着装之后的美与丑恶。必须从整体综合的角度来考虑和体现各因素和谐一致，做到适体、入时、从俗。

适体，就是追求服饰与人体比例的协调和谐。服饰是美化人体的艺术，服饰只有与人体相结合，使服饰的色彩、式样、比例等均适合人体本身的"高、矮、胖、瘦"，从而把服饰与人体融为有机统一的整体。因此，过肥或过紧的衣衫、过小或过大的裤腿、过高的"高跟鞋"以及不得当的颜色搭配等，都会扭曲人的形体、影响人的形象。

入时，就是追求服饰和自然界的协调和谐。人与自然相适应，有春夏秋冬、风雨阴晴的不同服饰；根据四季的变化穿着衣物，不但很合时宜，而且可保证人体健康。一般来说，冬天衣服的质地应厚实一点，保暖性强一点，如呢毛料等，而春秋衣服的质地则应单薄些。可以设想，一个人在寒冷的天气穿着单薄，浑身颤颤抖抖；在炎热的天气里穿着厚实，满头大汗地出现在交际场所时那种难堪模样。

从俗，就是追求服饰与社会生活环境、民情习俗的协调和谐。应努力使服饰体现出新时代的新风貌和特征，各民族的不同习俗和特色，各种场合的不同气氛和特点。

最后，个性鲜明：与年龄、体形、职业、场合相吻合，保持自己的风格。

选择什么样的服饰，能够在很大程度上体现出穿着者的个性。在服饰整体统一要求中，追求个性美，可以说是现代生活的一大趋势。

个性特征原则要求着装适应自身形体、年龄、职业的特点，扬长避短，并在此基础上创造和保持自己独有的风格，即在不违反礼仪规范的前提下，在某些方面可体现与众不同的个性，切勿盲目追逐时髦。

那么，如何使自己的穿着得体呢？

（一）服饰礼仪

1. 着装应与自身条件相适应

选择服装首先应该与自己的年龄、身份、体形、肤色、性格和谐统一。年长者，身份地位高者，选择服装款式不宜太新潮，款式简单而面料质地则应讲究些才与身份年龄相吻合。青少年着装则着重体现青春气息，以朴素、整洁为宜，清新、活泼最好，"青春自有三分俏"，若以过分的修饰破坏了青春朝气实在得不偿失。形体条件对服装款式的选择也有很大影响。身材矮胖、颈粗圆脸形者，宜穿深色低"V"字领，大"U"形领套装，浅色高领服装则不适合。而身材瘦长、颈细长、长脸形者宜穿浅色、高领或圆形领服装。方脸形者则宜穿小圆领或双翻领服装。身材匀称，形体条件好，肤色也好的人，着装范围则较广，可谓"淡妆浓抹总相宜"。

2. 着装要合体，讲究线条配置、搭配合理、色调和谐

瘦高体型的人，不宜选用竖条纹的服装，否则会夸大纤细的身形。太薄的衣服也会给人以呆板、缺乏韵味的感觉，而质感、厚实一点的衣料会使体瘦的人看上去精神抖擞。体型丰满的人则相反，衣服质地太厚显得笨重，当然也不能太薄，否则体型弱点就暴露无遗了，衣料以薄厚适度为宜。体型丰满的人切忌穿大花纹、横花纹、大方格图案的服装，否则只会夸张体型。

3. 衣着服饰要投听众所好

有的演讲者总是喜欢根据自己的爱好穿着服装，这样的好处是面谈时感到自然轻松。

一般来说，着装不必赶时髦，不必求流行，尤其不能浓妆艳抹，花枝招展。

许多人心理上认为"过分追时髦的人往往是不求上进的人"。专家告诫，当不知道穿什么好时，与其追求新潮，不如穿得正统一点。

（二）服装的选择

1. 男性

春、秋、冬季，男士最好穿正式的西装，西装的色调要以给人稳重感觉的深素色为主，如藏青色、蓝色、黑色、深灰色等。夏天要穿长袖衬衫，衬衫最好选择白色，系领带，领带应选用丝质的，领带上图案可以根据自己的爱好选择，最好是单色的，它能够和各种西装及衬衫相配。单色为底，印有规则重复的小型图案的领带，格调高雅，也可用。斜条纹的领带能表现出你的精明。领带在胸前的长度以达到皮带扣为好。如果一定要用领带夹，应夹在衬衫第三和第四个扣子中间的位置。不要穿短袖衬衫或休闲衬衫。

要穿深色的袜子、黑色的皮鞋。皮带要和西装相配，一般选用黑色。皮鞋、皮带、皮包颜色一致，一般为黑色。眼镜要和自己的脸型相配。镜片擦拭干净。如果选用钢笔，一定不要插在西装上衣的口袋里，西装上衣的口袋是起装饰作用的。

2. 女性

要穿简洁、大方、合体的套装，裙子不宜太长，这样显得不利落，但是也不宜穿太短、低胸、紧身的服装，过分时髦和暴露的服装都不适合演讲，春秋的套装可用较厚实的面料，夏季用真丝等轻薄的面料。衣服的质地不要太薄、太透，薄和透有不踏实、不庄重的感觉。色彩要表现出青春、典雅的格调。用颜色表现你的品位和气质。不宜穿抢眼的颜色。

丝袜一定要穿，以透明近似肤色的颜色最好。要随时检查是否有脱线和破损情况。穿式样简单、没有过多装饰的皮鞋，后跟不宜太高，颜色和套装的颜色一致，如果你不知道如何配色，最简单的办法就是穿黑色的皮鞋。

3. 服装的色彩搭配

不同的色彩有着不同的象征意义：暖色调——红色，象征热烈、活泼、兴奋、富有激情；黄色象征明快、鼓舞、希望、富有朝气；橙色象征开朗、欣喜、活跃。冷色调——黑色象征沉稳、庄重、冷漠、富有神秘感；蓝色象征深远、沉静、安详、清爽、自信而幽远。中间色——黄绿色象征安详、活泼、幼嫩；红紫色象征明艳、夺目；紫色象征华丽、高贵。过渡色——粉色象征活泼、年轻、明丽而娇美；白色象征朴素、高雅、明亮、纯洁；淡绿色象征生命、鲜嫩、愉快和青春；等等。

4. 色彩搭配原则和方法

服装的色彩是着装成功的重要因素。服装配色以"整体协调"为基本准则。

全身着装颜色搭配最好不超过三种颜色，而且以一种颜色为主色调，颜色太多则显得乱而无序，不协调。灰、黑、白三种颜色在服装配色中占有重要位置，几乎可以和任何颜色相配并且都很合适。

着装配色和谐的几种比较保险的办法：一是上下装同色——即套装，以饰物点缀；二是同色系配色。利用同色系中深浅、明暗度不同的颜色搭配，整体效果比较协调。

年轻人着上深下浅的服装，显得活泼、飘逸、富有青春气息。中老年人采用上浅下深的搭配，给人以稳重、沉着的静感。

服装的色彩搭配考虑与季节沟通、与大自然对话，也会收到不同凡响的理想效果。

同一件外套服装，利用衬衣的样式与颜色的变化与之相衬托，会表现出独特的风格，能以简单的打扮发挥理想的效果，本身就说明着装人内在的充实与修养。利用衬衣与外套搭配应注意衬衣颜色不能与外套相同，明暗度、深浅程度应有明显的对比。

着装配色要遵守的一条重要原则，就是根据个人的肤色、年龄、体形选择颜色。

肤色黑，不宜着颜色过深或过浅的服装，而应选用与肤色对比不明显的粉红色、蓝绿色，最忌用色泽明亮的黄橙色或色调极暗的褐色、黑紫等。

皮肤发黄的人，不宜选用半黄色、土黄色、灰色的服装，否则会显得精神不振和无精打采。脸色苍白不宜着绿色服装，否则会使脸色更显病态；而肤色红润、粉白，穿绿色服装效果会很好。白色衣服任何肤色效果都不错，因为白色的反光会使人显得神采奕奕。体形瘦小的人适合穿色彩明亮度高的浅色服装，这样显得丰满。而体形肥胖的人用明亮度低的深颜色则显得苗条等。大多数人体形、肤色属中间混合型，所以颜色搭配没有绝对性的原则，重要的是在着装实践中找到最适合自己的搭配颜色。

（三）发型的搭配

大多数人关注一个人，目光首先的落点都是对方的头发。所以，注意保持头发的清洁，并修饰整齐。

发型不仅要符合美观、大方、整洁和方便生活、工作的总体原则，而且要与自己的发质、脸型、体形、年龄、气质、四季服装以及环境等因素很好地结合起来，才能给人以整体美的形象。发型设计可以使人活泼年轻，也可以让人变得端庄文雅，起到修饰脸型、协调体型的作用。就不同的脸型来说，椭圆形脸是东方女性的标准脸型，可选任意发式。长脸看起来面部消瘦，发型设计上应适当遮住前额，并设法使双颊显得宽一些。圆脸型的人应将头顶部的头发梳高，使脸部在视觉造型上增加几分力度，并设法遮住两颊。而方脸型应设法掩饰棱角，使脸型显得圆润些。额部窄的脸型，应增加额头两侧头发的厚度。长脸形的人不宜留太短的头发，下巴较长的人可以留些鬓发，矮胖或瘦小的人头发不宜长，瘦高的人应留长一点的发型。

就季节来说，春秋两季的发式可以自由活泼一些，而冬夏季的头发则由于受到气候因素的影响，需要格外注意。

夏天天气炎热，可留凉爽、舒畅的短发，如果是长发，则可以梳辫子或将头发盘起。由于多数人夏天面部油脂分泌很旺盛，而额前的头发过多往往容易使热量不便于散发，反过来更加使得面部油光光的。因此，夏季的发型一定要考虑前额、两颊的头发不能留得过多，应尽量把头发向后向内梳理。同时，搭配一个浅色的上衣领，能够把脸部衬托得光亮鲜活一些。

冬天人们的衣着较厚，衣领高，留长发既美观又保暖。在冬季较爱刮风的地方，参加演讲前最好用帽子、头巾或者干脆用发带把头发束缚起来，在达到演讲地点前，利用上卫生间的机会将头发理顺。

女性如果再在头发的适当部位装饰花色款式、质地适合的发夹、发带或头花等饰物，那么就对整体美起到"画龙点睛"的作用，从而增添无限魅力和风韵。但要注意饰物不可过多，色彩也不能过于光亮耀眼，形成堆砌，否则给人一种俗气的感觉，反而失去自然美。

男性的发型也能体现出一个人的性格、修养和气质。短发型可以体现男性朝气蓬勃的精神面貌，具体来看，寸发适合于头型较好、面部饱满的男性；前额较宽的人应该梳"三七开"的分头，以便更多的头发能够遮盖前额；选择"四六开"或"中分"发型的男性面部一般不会过长，而且发质偏油性的较为合适。

（四）化妆的重要性

肤色十分重要，面色红润昭示着你的青春健康。

脸部皮肤的整体妆饰，除了要体现出自然光泽，还要注意脸部各器官妆饰的整体协调，否则便难以达到美容的效果。比如：有一双又黑又大的眼睛和长长睫毛，为了突出眼睛的魅力，口红的颜色就应该有所限制，尽量使用与肤色接近的口红。

女性在化妆时一定要懂得如何把握淡雅适度的分寸，如果把口红抹得过浓，加上粉底较厚，整个面部便愈加夸大了一张喋血红唇。

为了达到美容的效果，妆饰还应考虑到不同季节和不同时间，根据自身的性格气质、职业特点、年龄、场合而采用不同风格的化法。

对于女性来说，化淡妆比较适宜，这样能显得端庄、秀丽，给人以自然、含蓄、舒适、得体的感觉。人们常说"化过妆就好像没有化一样"的效果就是化妆的最高境界。

少数男性也喜欢用一些化妆品，除非你很内行，而且确实无人能识破你的"伪装"，否则大多数人会认为男性涂脂抹粉显得缺乏阳刚之气。

注意演讲的姿态

演讲的姿态是演讲者重要的辅助工具，帮助演讲者加强演讲的效果，对听众有重要的引导作用。

手势的配合

手势是人们演讲态势的主要形式。借助手势说话的关键在于"助"，它既不同于烘托语，可代替讲话，又不同于演节目，可以用手势演出情节。

手势有两大作用，一能表示形象，二能表达感情。许多演讲家的手势语独显其妙。伟大的革命导师列宁习惯于用左手大拇指横插于坎肩，右手有力地挥动的手势：以右手坚定地探向前方，身体微倾向听众，构成了一种独特的姿态。

可见，恰当的手势不仅有助于表达情感，而且有很大的包容性，往往是"无声胜有声"。

论辩，尤其是赛场论辩与法庭论辩时，手势运用能构成论辩者丰富的主体形象，使表达富有感染力。自然而安稳的手势，可以帮助表达者平静地说明问题；急剧而有力的手势，可以帮助表达者升华感情；稳妥而含蓄的手势，可以帮助表达者表明心迹。

林肯在做律师时的老朋友赫恩登回忆林肯进行法庭论辩时说："他对听众恳切地发表讲话时，那瘦长的右手指自然地充满着动人的力量，一切思想情绪完全贯注在那里。为了表现欢乐的情绪，他把两手臂举成五十度的角，手掌向上，好像已抓住了他渴望的喜悦。他讲到痛心处，如痛斥奴隶制时，更紧握双拳，在空中用力挥动。"

手势语"词汇"丰富，千变万化，没有一个固定的模式。作为一个出色的演讲者，平时要认真观察生活，刻苦训练，积极付诸实践。下面介绍一些常用的手势。

拇指式。竖起大拇指，其余四指自然弯曲，表示强大、肯定、赞美、第一等意。

小指式。竖起小指，其余四指弯曲合拢，表示精细、微小或蔑视对方。

食指式。食指伸出，其余四指弯曲并拢。用来指称人物、事物、方向，或者表示观点甚至表示肯定。胳膊向上伸直，食指向空中则表示强调，也可以表示数字"一""十""百""千""万"……食指弯曲或钩形表示九、九十、九百……齐肩画线表示直线，在空中画弧线表示弧形。

食指、中指并用式。食指、中指伸直分开，其余三指弯曲，这一手势一般表示二、二十、二百……在一些欧美国家与非洲国家表示胜利的含义。

拇指、食指并用式。拇指、食指分开伸出，其余三指弯曲表示八、八十、八百……如果并拢表示肯定、赞赏之意；如果二者弯曲靠拢但未接触，则表示"微小""精细"之意。

拇指、食指、中指并用式。三指相捏向前表示"这""这些"，用力一点表示强调。

仰手式。掌心向上，拇指自然张开，其余弯曲，这一手势包容量很大。区域不同，意义有别：手部抬高表示"赞美""欢欣""希望"之意；平放是"乞求""请施舍"之意；手部放低表示无可奈何，很坦诚。

俯手式。掌心向下，其余状态同仰手式，这是审慎的提醒手势，同时表示反对、否定之意；有时表示安慰、许可之意。

手切式。五指并拢、手掌挺直，像一把斧子用力劈下，表示果断、坚决、排除之意。

手啄式。五指并拢呈簸箕形，指尖向前，表示提醒注意之意，有很强的针对性、指向性，并带有一定的挑衅性。

挥手式。手举过头挥动，表示兴奋、致意；双手同时挥动表示热情致意。

掌分式。双手自然撑掌，用力分开。掌心向上表示"开展""行动起来"等意；掌心向下表示"排除""取缔"等意；平行伸手则表示"面积""平面"等意。

拳举式。单手或双手握拳，平举胸前，表示示威、报复；高举过肩或挥动或直锤或斜击，表示愤怒、呐喊等意。

拳击式。双手握拳在胸前做撞击动作，表示事物间的矛盾冲突。

拍肩式。用手指拍肩击膀，表示担负工作、责任和使命的意思。

颤手式。单手或双手颤动，必须与其他手势配合才表示一个明确的含义。

手势语言是人类在漫长进化历程中最早使用的一种交际工具。在原始社会里，先民们主要是依靠手势语言进行交际的。尔后，人类社会出现了有声语言和文字，手势语言才降为对有声语言辅助、补充和修饰的从属地位。

在各种交际场合，遇到了相识的人，如距离较远，一般可举手招呼，也可点头致意，还可脱帽致意；遇到不熟悉的朋友，可点头或微笑致意；送别客人或朋友时，可举手致意，或挥手致意，也可挥手帕致意，或挥动帽子致意。手的挥动幅度越大，表现的感情也就越强烈。此外，一般场合需要握手，这也是平日运用得最多的一种手势语言，它承载着丰富、深邃而微妙的信息。一般来说，上级与下级、长辈与晚辈、女性与男性、主人与宾客之间，应由上级、长辈、女性、主人先伸出右手，下级、晚辈、男性、宾客才能伸出右手与之相握。握手力度要均匀适中，这是礼貌、热情、友善和诚恳的表示；而握手用力太轻，被认为是冷淡、不够热情；用力太重，又会显得粗鲁无礼。

手势语言运用得是否恰当自然，这直接关系到口才表达主体的形象。在日常交际中，既要避免像石头人一般地站立着，两手无力地下垂或在后背相交，自始至终只用一个手势动作，也不更换一个姿势，显得呆滞死板；也要防止手势动作泛滥，轻佻作态，前松后紧，前紧后松，前后脱节等现象；更要纠正用手玩弄扣子、不断地用手抚摸茶杯，或老是重复同一动作，或用手指对方鼻子等不良习惯。应在口才实践中不断地加强自身的修养，努力做到手势动作优雅、适当贴切、准确干练、舒展自如、因人而异、因地制宜、协调一致、恰到好处。这样，才能充分发挥手势语言传情达意的功用，增强口才表达的效果。

用眼睛表达自己

心理学研究表明，在人的各种感觉器官可获得的信息总量中，眼睛要占 80% 以上。人内心的隐秘，胸中的冲突，总是自觉不自觉地在不断变幻的眼神中流露出来，它犹如一面聚焦镜，凝聚着一个人的神韵和气质。泰戈尔说："一旦学会了眼睛的语言，表情的变化将是无穷无尽的。"

高尔基在回忆列宁的演讲时写道："在他那蒙古型的脸上，一双锐利的眼睛在闪闪发光，表现出一个不屈不挠的战士对谎言的反对以及对生活的忠实，他那双眯缝着的眼睛在燃烧着，使着眼色，讽刺地微笑着，闪烁着愤怒。这双眼睛的光泽使得他的演讲更加热烈、更加清晰，有时仿佛是他精神上有一种不可战胜的力量，从他的眼睛里喷射出来，那内容丰富的话语在空中闪光。"当代演讲家彭清一演讲时，总是以自己的亲身体验现身说法，把饱满的热情淋漓尽致地"写"在眼里，其眼窝、眼睑、虹膜和瞳孔组成一台完整的戏。

刘鹗在他的小说《老残游记》中有一段关于艺人王小玉上台说唱的描写："……她将鼓槌子轻轻地点了两下，方抬起头来，向台下一盼。那双眼睛如秋水、如寒星、如白水银里头裹着两丸黑水银，左右一顾，连那坐在远远墙角里的人都觉得她看见自己了。那坐得近的，更不必说。她的眼神的意思是：我已经注意到各位了。"

这眼神奇妙绝伦，就像无声的问候和命令，比高叫一声"请大家安静"更起作用。

眼神是运用眼的神态和神采来表达感情、传递信息的无声语言。在面部表情中，是最生动、最复杂、最微妙，也最富有表现力的。眼睛是心灵的窗户，最能倾诉感情，沟通心灵。眼神千变万化，表露着人们丰富多彩的内心世界。正如苏联作家费定的小说《初欢》中所描写的那样："……眼睛会发光，会发火花，会变得像雾一样暗淡，会变成模糊的乳状，会展开无底的深渊，会像火花和枪弹一样投射，会质问、会拒绝、会取、会予、会表示恋恋之意……"眼睛的表情，远比人类的语言来得丰富。

在与人交谈中，正视对方，表明对对方的尊重；斜视对方，表明对对方的蔑视；看的次数多，表明对对方的好感和重视；看的次数很少或不屑一顾，表明对对方的反感和轻视；眼睛眨动的次数多，表示喜悦和欢快，也可表示疑问或生气；眼睛眨动的次数少甚至凝视不动，表示惊奇、恐惧和忧伤；如果不敢直视对方，也可能是因为害羞，可能有什么事不愿让对方知道；如果怀有敌意的双方互相紧盯着，其中一方突然把眼光移向别处，则意味着退缩和胆怯；如果谈判时有一方不停地转动着眼球，就要提防他打什么新主意或坏主意；如果是频繁而急促地眨眼，也许是表示羞愧、内疚，也可能表明他在撒谎……

配合着眉毛的变化，"眉目传情"意义更广泛。欢乐时眉开眼笑，眉飞色舞；忧愁时双眉紧锁；愤怒时横眉怒目；顺从时低眉顺眼；戏谑时挤眉弄眼；畅快时扬眉吐气等。

演讲目光语最主要的是强调眼神的运用。一般来说，不同的眼神表达着不同的情感。目光明澈表现胸怀坦荡；目光狡黠表现心术不正；目光炯炯表现精神焕发；目光如豆表现心胸狭窄；目光执着表示志向高远；目光浮动表现轻薄浅陋；目光睿智表现聪明机敏；目光呆滞表现心事重重；目光坚毅表示自强自信；目光衰颓表示自暴自弃。

眼神的表达丰富多彩。有诗人描述说："眼睛是心灵的窗户，不会隐藏更不会说谎。"得体地运用目光语会令你的演讲增添光彩。

眼睛是"心灵的窗户"，眼神的奇妙变化倾诉着一个人微妙的心曲，它是会"说话"的。在演讲中，让眼睛说话，就需要注意以下几点。

（一）以明亮有神、热情友善、充满智慧的眼神，向听众表明你的坦诚、灵活、自信和修养，以获得良好的第一印象。

（二）用眼神的变化表达自己内在的丰富感情。比如，讲到兴奋的时候，睁大眼睛，让它散发出兴奋的光芒；讲到哀伤处，眼皮下垂，或让眼睛呆滞一会儿，以渲染哀伤的情绪；讲到愤怒时，瞪大眼睛，怒视前方，令其充满着逼人的神色……总之，什么样的思想感情，就应当配以什么样的眼神。

（三）三种视线交替使用。三种视线分别是指环顾的视线、专注的视线、模糊的视线。环顾的视线，可以照顾全场，关心每一位听众，增强听众的"参与感"，表明演讲者是同所有听众交谈；专注的视线，就如同进行"典型调查"，把准听众的心理，可以用来启发引导听众，或者赞扬、鼓励听众，或者制止个别听众的骚动，调整、控制会场；模糊不清的视线，可以向听众表现演讲者在认真思考，加强话语的价值，也可以借此为视线变化的过渡，稳定自己激动的情绪，同时向听众表明自己有较好的经验与修养。

摆正体姿

通过人的身体姿态传递信息，在当今社会，不仅是"修身养性"的基本要求，还是用来表示仪表、传递信息的重要体态语言。

在社会交际中，雅俗的表现与显露，姿势是一个重要的衡量标志。姿势在礼节上是一种文明修养的表现，也是一个人良好素质的反映。优美的姿势联系着一个人的心灵，可以说是心灵舞姿的外化。形体动作的词汇是非常丰富的，它不仅可以传情达意，更可透露一个人的心态。不同的姿势可以反映一个人特定条件下的心态，通过姿势可以准确地窥测其心灵的俗与雅。

姿势是雅俗表现与显露的必要标尺，人的身体的每一个姿势变化通常都反映了交际者的文明程度。比如，社会交往中，步伐矫健，轻松敏捷，能让人感到年轻、健康和精神焕发；步伐稳健，端正有力，给人以庄重、沉着和自信的印象；步履蹒跚，弯腰弓背，垂首无神，摇头晃膀，往往给人以丑陋庸俗、无知浅薄或精神压抑的印象。又比如，交谈时高跷二郎腿，随心所欲地搔痒，习惯性地抖腿；或是将两手夹在大腿中间和垫在大腿下，或是撒开两腿呈现"大"字形，或有女性在场时，半躺半坐、歪歪斜斜地躺在座椅上，都是失礼而不雅观的，会给人留下缺乏教养、低俗轻浮、散漫不羁的不良印象。

体姿对一个人整体形象的塑造有着很重要的作用。人的体姿与人的相貌有同等的重要性，共同显示出一个人的气质和风度。如果"站无站相""坐无坐相"，即使相貌再漂亮也会大打折扣。外表相貌是天生的，而体姿可以通过后天的训练向理想姿态转变。

体姿语由两部分组成。一是指说话双方的空间距离，二是指各种不同的身体姿势。体姿语运用的总体要求是准确、适度，自然、得体，和谐、统一。

首先，准确、适度。就是要根据说话内容、说话环境、说话对象、说话目的的需要，准确恰当地运用。

其次，自然、得体。就是要求体姿语的运用不故作姿态，要适合自己的身份和交际场合。无论是从审美的角度，还是从表达功能的角度，体姿语的运用都要自然、得体，做到既符合审美的原则，给人以美感，又符合特定的情况。

第三，和谐、统一。包括两个方面：一是体姿语言和有声语言配合统一，才能准确地表达自己的思想感情和愿望，否则，就不能收到既定的效果。二是各种体姿语言要求一致而协调。

"坐如钟，站如松，行如风"，这是古人提出的姿势范式。在社会交际中，对姿势的基本要求是：秀雅合适，端庄稳重，自然得体，优美大方。

具体地说，对各种姿势有以下要求。

（一）稳重的坐姿

在各种场合，都要力求做到"坐如钟"，即坐得端正、稳重、温文尔雅。这是坐姿的最基本要求。

入座时，应轻、缓、稳，动作协调柔和，神态从容自如。人应走到椅子前，转身背对椅子平稳坐下，若离椅子较远，可用右脚向后移半步落座。女子入座尤其要娴雅、文静、柔美，若穿裙子则应注意收好裙脚。一般应从椅子左边入座，起身时也应从椅子左边站立，这是一种礼貌。如要挪动椅子的位置，应当先把椅子移到欲就座处，然后坐下去。坐在椅子上移动位置，是有违社交礼仪的。

落座后，应双目平视，嘴唇微闭，面带微笑，挺胸收腹，腰部挺起，重心垂直向下，双肩平正放松，上身微向前倾，手自然放在双膝上，双膝要并拢。亦可双脚一脚稍前，一脚稍后。两臂曲放在桌子上或沙发两侧的扶手上，掌心向下。坐椅子时，一般只坐满2/3，脊背轻靠椅背。端坐时间过长，可以将身体略为倾斜，头面向主人，双腿交叉，足部重叠，脚尖朝下，斜放一侧，双手互叠或互握，放在膝上。若是着西装裙的女子，最好不要交叉两脚，而是并靠两脚，向左或向右一方稍倾斜放置。起立时，右脚先向后收半步，然后站起。

（二）端正的立姿

在各种场合，都要力求做到"站如松"，即站得端正、挺拔、优美、典雅。这是立姿的最基本要求。

站立时，应头正颈直，双眼平视，嘴唇微闭，下颌微收，挺胸直腰，上体自然挺拔，双肩保持水平，两臂自然下垂，手指并拢自然微屈，双手中指压裤缝，腿膝伸直，脚跟并拢，两脚尖张开夹角45°，身体重心落在两脚之间。男女的立姿略有不同。男子站立时身体重心放在两脚中间，不要偏左或偏右；双脚与肩同宽而立；手可自然下垂，向体前交叉或背后交叉也可以。女子站立时身体重心在两足中间脚弓前端位置，双脚呈倒"八"字站立；手自然下垂或向前向后交叉放置。

站立后，竖看要有直立感，即以鼻子为中线的人体应大体成直线；横看要有开阔感，即肢体及身段应给人以舒展的感觉；侧看要有垂直感，即从耳与颈相接处至脚的踝骨前侧亦应大体成直线，给人一种挺、直、高的美感。男女的立姿亦应形成不同侧重的形象，男子应站得刚毅洒脱，挺拔向上，舒展俊美，精力充沛；女子应站得庄重大方，亲切有礼，秀雅优美，亭亭玉立。

（三）优雅的走姿

在各种场合，都要力求做到"行如风"，即行得正确、优雅、轻盈、有节奏感。这是走姿的最基本要求。

行走时，应昂首挺胸，收腹直腰，两眼平视，肩平不摇，双臂自然前后摆动，脚尖微向外或向正前方伸出，行走时脚跟成一条直线。起步时身体微向前倾，身体重量落于前脚掌，行走中身体的重心要随着移动的脚步不断向前过渡，不要让重心停留在后脚，并注意在前脚着地和后脚离地时伸直膝部；迈出每一步都应从胸膛开始向前移动，而不是腿独自伸向前。还应看到，现代女性穿高跟鞋，主要目的不仅在于增加身高，而且在于能收腹挺胸，显示自身走路的动人的身姿和曲线美；而步态高度艺术化的时装模特儿，与其说是展示千姿百态的时装，不如说是在显露高雅美妙的走姿。

人的形体在运动中构成种种姿势，良好的姿势形成优美的仪态。英国哲学家培根认为，相貌的美高于色泽的美，而秀雅合适的动作的美又高于相貌的美，这是美的精华。秀雅合适的姿势在社会交际中有十分重要的作用。因此，我们应当注意体姿的培养。

第三章　掌控听众的情绪

使演讲深入人心

我们常见的听众一般分为四种：

1. 对演讲内容完全不了解的；

2. 观点与演讲者相同的；

3. 观点与演讲者相反的；

4. 对于演讲漠不关心的。

对于这四种类型的听众，想要使他们接受演讲者的观点，其方法也是不尽相同的。

第一种听众是演讲者比较喜欢的听众，这样的听众是一张白纸，因为对于演讲者的观点，他是茫然不知的，所以可以很容易地接受演讲者的观点。

第二种听众是演讲者最喜欢的听众，因为观点相同，非常容易产生共鸣。听众也不会产生排斥情绪。对于这样的听众需要注意的就是即使是细小的观点、看法也不能出现错误，因为会被听众发现，同时演讲的内容还要有所新意。

第三种听众是比较棘手的听众，因为他们在听演讲者的演讲之前就已经否认演讲者的观点，在这样的演讲中演讲者就是试图影响听者的观点和信念，或者使听者建立起新的观念和信念，对于这样的听众，论点一定要明确，事实依据一定要真实有说服性，同时演讲者要有真情实感。

第四种听众其实是最难以打动的听众，因为他们对于演讲者的内容，既不像赞同者一样喜欢，也不像否定者一样讨厌，而是没有添加任何的感情。

研究听众的需求

演讲是讲给听众们听的，是反映人们的心声、愿望的一种推动时代发展的活动，所以作为一名演讲者应该懂得人们想了解什么、想知道什么，不能闭门造车，不问世事，不了解群众。演讲的内容只有贴近生活，贴近人们的需要、需求，才能打动听众的心。

有一个著名的例子，曹操一次在行军时，走到了一个荒芜缺水的地方，将士们因为干渴而士气低落，这时曹操就说前面有一片杨梅林子，里面的杨梅有酸有甜，水分丰富。兵士们因为想到了杨梅的酸甜而大量地分泌了唾液，这样就不觉得干渴了，这样这支部队才成功地走出了这片地区。

这就是望梅止渴这个成语的来历，这是曹操了解人们的需求是什么后而做出的决定。

爱国主义教育是时代的主题，是一个古老而永恒的主题。不管是工厂企业、学校、政府机关都要定期进行爱国主义教育。

在进行有关爱国主义的演讲时，如果我们只是单纯地喊口号，就显得不务实际，变成了唱高调、不求实效的空洞的说教。这样的演讲容易使人们产生厌烦情绪，很难达到教育的目的。但是如果我们邀请一些参与过某些战役或者有一定影响的人来进行演讲，由他们来以自己的亲身经历道出一个人是如何爱国的生动事迹，紧紧围绕爱国这个主题，阐明祖国、事业、人生的关系，这样就能够深深地感染听众，由这些德高望重的人来传达爱国主义思想，就能够达到宣传爱国主义的目的。

作为一名演讲者怎样才能了解听众的需求呢，这首先要求演讲者了解我们当今社会的特点和需求，同时不要把自己当成高高在上的发话者，而是要把自己当成一个听众，设身处地地想想听众有什么需求。演讲者应该以朋友和对话者的身份，提出听众想要提出的问题，然后给出自己对这个问题的看法与解决它们的办法。只有这样才能使听众觉得演讲者是在和他们讨论一个问题，而不是在发号施令。

分析听众的心理

所谓的分析听众的心理，是一个演讲者最基本的工作，我们分析听众的心理，并不是为了迎合观众，而是为了了解听众，贴近听众，是为了保持演讲的真实性、独立性，以及演讲的公正性。

之所以这么说，是因为观众来听演讲者演讲首要的目的是从演讲中得到心灵的安慰。这也就是我们说的"好的演讲能给予人们心灵的共鸣"。

演讲者通过语言来安抚听众的情绪，所以，作为一个演讲者，在分析听众的心理之后，应在准备材料时多寻找些能够符合听众的煽动感情、安抚心情的材料。

分析听众的心理的另一个重要的作用在于诱导听众听演讲的时候，可以通过选择听众喜欢的材料来引起他们的兴趣。

想要诱导人们听取演讲，先得给对方一点小胜利；引导对方做一件很重大的事情时，就得给对方一个强烈的刺激，使之对此事有着一份企求成功的希望。因为当他被一种成功的意识刺激着，他就会为接受更严峻的挑战而去再次尝试一下。

人们在这个世界上，大部分时间是在思考自己，我们会思考我们的生活、工作、学习、家庭。同时我们还会幻想，幻想我们的未来，或者产生一些奇异的梦。

那么对于听众，我们在进行演讲时只要选择和自身发展等相关的方向，就能够引起他心灵的共鸣。所以，想要得到听众的赞同与支持，演讲者应该谈论的话题就是听众最关心的话题。一旦听众与演讲者感同身受，可以说演讲已经有了一个成功的开篇。

曾经有一个青年向一个大文学家说："我需要活着。"这位文学家却回答他："我看不出你有活着的必要。"

这位文学家说这样的话，并不是希望这位青年人去死，只是青年人的话无法感动文学家的心灵，是文学家感觉不到青年话中的活力。

这个实例说明一个演讲者，或许他脑子里有许多精妙的题材，有优秀的演讲稿，他设计了生动形象的现场表现方案。然而他每次讲起话来死板而缺乏生气，就像是背稿一样，这样的演讲稿首先不能感动演讲者自己，又怎么能感染听众呢。

这种现象出现的原因就在于演讲者不够了解听众的喜好，不能用脑中的题材，结合听众的需求表达出来。他缺乏一种精神活力，他对于自己所要讲的话，总觉得好像没有一说的必要。这样他的演讲无法感动自己，更无法感动听众。

所以，华丽的辞藻仅能耀人眼目，对于演讲者而言，却不能感动人心，需要把自己的活力爆发出来，将自己的情感投入演讲当中去。演说必须伴以热情和真诚。

当一个演讲者发现听取他演讲的听众们总是昏昏欲睡时，首先他要检讨一下自己的演讲是不是没有打动人心的力量，这时就要像许多著名的演说家那样，学会在台上刺激一下听众。

这种刺激可以通过语言、动作、神态等多种手段来实现。

和观众套近乎

所谓的套近乎，并不是要求演讲者放弃自尊一味地讨好听众，而是帮助演讲者拉近和听众的关系。听众的心理是变化多端、复杂多样的，通过和听众套近乎，可以放松听众在遇到陌生人时本能的防备心理，使得听众能够在心情放松的情况下听取演讲者的演讲。同时，当演讲者和听众在某个问题上存在分歧时，套近乎可以帮助演讲者安抚听众的情绪，使听众能够平心静气地听取演讲者的讲解。

最常见的套近乎方式一般在演讲开始时就可以进行，

例如：

　　各位朋友：我是翻山越岭，历经千难万险才来到这里为大家来进行演讲的，虽然辛苦，但是我一点都不后悔，因为到这里我就发现，这里是山美，水美，人更美，在座的每一个人都非常热情，你们都是我的亲人啊。

　　短短几句话，一下子牢牢地吸引了听众的注意力，使听众的心里暖乎乎的，赢得了全场热烈的掌声。当然，"套近乎"并不是一味讲赞美的话，光说好听的。否则，会给人哗众取宠，油嘴滑舌之嫌。"套近乎"应该有感而发，有感而"套"，做到以情托声，声中有情。

　　运用心理控制调动听众情绪。前面讲到演讲首先必须了解听众的心理需求，但当进入演讲过程中，就更应该注意心理控制及听众情绪的调动。只有当演讲者做好了心理控制和听众情绪的调动工作，才能使演讲者与听众心心相通，达到演讲的最佳效果。"套近乎"的方法，是一种非常好用的拉近和听众距离的方式，但是这样的方式并不能每次都用一套方案，要根据不同听众的社会阅历、兴趣爱好、思想感情等方面的特点，结合自己的实际，给观众描述一段与听众相似的生活经历或在学习工作上相同或相似的事例，有时也可以将自己的内心烦恼、趣事展现给听众。

征服听众的方法

有时候演讲有其非常明确的功利目的：演讲需要"征服听众"，让他们的心随着演讲者的思考而思考，让他们的行动跟随演讲者的脚步。

这种"征服"的效果，不能通过混淆视听、欺骗蒙蔽的手段，而要靠真情实感来感染听众。

古往今来，"尊重"都是能够"征服公众"的一个重要条件。自尊心与安全感是人的共性。要征服一个人首先要尊重这个人，这是征服听众的必要条件。演讲者登上演讲台之后，他的一举一动都一览无余地展现在了别人面前，每一个下意识的动作都会影响到听众的感受及其对演讲者的评价。所以只要演讲者怀有一丝一毫的骄傲，就会在演讲台上被无限放大。因此应谦虚谨慎地向听众表示你的诚意。这样，听众才不会小看你，相反还会认为你是一位诚实坦白、值得信赖之人，你的演讲即能在一种融洽的氛围中进行并取得成功。

孔子是中国著名的思想家、文学家，是儒家的代表人物，但他从未以他渊博的知识向别人炫耀，而总是以包容一切的博爱精神来感化别人、教化世人。作为演讲者，必须懂得这个简单的道理，并采取相应的措施。

另外，要征服听众，就应有卓越的演讲才能。所谓演讲才能就是一个演讲者的口才和语言能力。这是通过长期的锻炼和学习来实现的。作为一名演讲者，可以从这几个方面来加强自己的语言魅力：有新颖奇特的观点；所有论述都是真情实感；有的放矢，尊重事实；思维清楚，加强语言的逻辑性；合理地安排演讲的布局；运用多种修辞来加强影响力；保持语言生动形象，有活力；语言简洁有力；声情并茂，感人至深。

如果你能较好地掌握这些要求，那么就有了征服听众的较大把握。同时还要注意环境、音响、时间等因素的作用。

选择亲身经历过的事情作为话题

对于人们来说，自己亲身经历过的事情说起来总会比较得心应手，一个人说得最生动、激昂、富有吸引力的，必定是自己最熟悉、最了解、最清楚的事物。

而作为听众最为关心的是与其生活息息相关的现实问题，是他们在生活中能够见到听到的熟悉的事情，空泛的理论是无法吸引他们的注意力的，所以有真情实感的演讲总是比单靠从书本、报纸、杂志上东拼西凑的东西要感人。

每个人的生活和经历都不尽相同，以个人的生活经验为话题展开演讲，演讲者往往以个人生活中的小事为例子，这样的小事往往是神秘、特殊而隐秘的，带有鲜明的个性，很少能和其他人相重复，同时可以满足人们的好奇心。

善于演讲的人可以很轻易地从生活中寻找到自己想要的例子，或者能够将别人身上发生的事生动地转述出来，但是作为一名经验较少的演讲者，怎样才能寻找到合适的事例，使得自己的演讲不会显得干巴巴的呢？

这时我们可以从自己的生活背景中寻找主题。一般和家庭、幼年及学校生活相关的回忆，都能引起听众的共鸣。因为这是每个人都经历过的生活，都有自己独特的感受，人们都是希望从演讲中寻找到自己过去的影子。

当然，作为演讲者还可以谈自己个人的兴趣和爱好，这样能引起听众的好奇心，并能够引起听众的共鸣。这是因为，演讲者所讲述的爱好或者兴趣总会和一些听众的喜好相吻合，而另一部分听众则有可能对演讲者所讲述的内容产生兴趣。

另外，一些特殊的经历也能够成为演讲的话题，同样能够达成吸引听众的目的。这些特殊的经历可以是在严酷的环境中求生存，或者接触过伟人、名人。因为大部分听众没有这样的经历，能够引起听众强烈的好奇心。

使演讲具有兴奋点

所谓的兴奋点就是最能够吸引听众注意力的关键点，这是一个演讲的亮点所在，也是一个演讲成功与否的重要因素。

最常见的话题有以下几种。

满足求知欲的话题

陌生的知识领域或神秘不可及的事物总是能引起人们的求知欲，使人们兴起探索的欲望，对于不知道的东西，想要弄清楚其工作原理，这是人们的本能，针对这种奇闻轶事展开话题可以大大地吸引听众的注意力。

刺激好奇心的话题

西方有句俗语：Curiosity killed the cat（好奇心害死猫）。西方传说猫有九条命，怎么都不会死去，而最后恰恰是死于自己的好奇心。

可见好奇心是每个活着的生物都具备的特征。演讲者可以利用每个人都有好奇心，通过各类趣闻、名人轶事、突发事件、科学幻想、传奇经历等内容，来激发听众的好奇心。

与听众利益密切相关的话题

在很多单位都会有这样一种现象，公司的一些大的发展方向或者整体规划往往不能得到每个员工的重视。相反地，每个小的细节，如年终奖金的评定方法、午餐的标准，这样的事情反而能赢得大部分人的关注，这是因为群众最关心的无非就是涉及自己切身利益的事情。所以，综观各类演讲，一旦关系到吃、穿、住、行、生活琐事的都会非常受欢迎。所以高明的演讲者常常能将要演讲的问题和人们生活中的实际利益集合到一起，例如在讲解全球变暖，号召大家爱护环境时，可以不用空洞的说明，而是根据现实生活中的实际情况来说明：夏天气温越来越闷热等。

有关信仰和理想的话题

在物质生活越来越丰富的今天，人们对于理想和信仰的追求也越来越明确，没有探索、没有理想的人几乎是没有的。古今中外，人们都在为信仰和理想而不停地奋斗着。

因此，有关这方面的话题能够被大多数的群众所接受，尤其是青年听众，他们正是人生观、价值观形成的时期，关于信仰和理想的演讲对于他们正是良好的启迪。同时也要注意演讲的内容必须要有针对性、现实性，符合现实生活，符合时代的需求，只有这样才能达到励志的目的。

娱乐性话题

现代人的生活节奏越来越快，工作生活的压力也越来越大，这样的生活使得人们的生活也越来越苦闷。娱乐性的演讲正好可以缓解人们的压力。一般娱乐性的演讲大多选择一些社会上热议的话题，通过演讲者在演讲中穿插些幽默、笑话或娱乐性故事以达到在短时间内提起听众兴趣的目的，礼仪场合或者社交场合人们大多喜欢用这种话题来缓解或者活跃气氛。

第四章 演讲的开场和结束

演讲的开场

演讲者应殚精竭虑、全力以赴对付开头，力求一开口就拨动听众的兴奋神经。

良好的开头应如瑞士作家温克勒说的有两项任务：一是建立听众对演讲者的认同感；二是如字意所释，打开场面，引入正题。具体方法是语言新鲜，忌套话、空话；忌那些磨光了棱角的、听众不爱听的老话、旧话；语言准确，忌大话、假话；语言简练，忌空话、抽象话。

文章开头最难写，同样的道理，作演讲开场白最不易把握，要想三言两语抓住听众的心，并非易事。如果在演讲的开始听众对你的话就不感兴趣，注意力被分散了，那后面再精彩的言论也将黯然失色。因此，只有匠心独运的开场白，以其新颖、奇趣、敏慧之美，才能给听众留下深刻印象，才能立即控制场上气氛，在瞬间集中听众注意力，从而为接下来的演讲内容顺利地搭梯架桥。

奇论妙语，石破天惊，听众对平庸普通的论调都不屑一顾，置若罔闻；倘若发人未见，用别人意想不到的见解引出话题，造成"此言一出，举座皆惊"的艺术效果，会立即震撼听众，使他们急不可耐地听下去，这样就能达到吸引听众的目的。

平常多用的形式主要有这样几种。

以故事开头

在开头讲一个与所讲内容有密切联系的故事从而引出演讲主题。1940 年 12 月 17 日，罗斯福总统的演讲便是这种类型的开头。

此时，正当美、英、苏等国家共同抗击纳粹德国的关键时刻。英国处在欧洲反法西斯侵略的最前线，由于黄金外汇已经枯竭，根本无力按照"现购自运"原则从美国手中获取军事装备。作为英国的重要盟友，罗斯福深知唇齿相依的道理。在反法西斯战争旷日持久的情况下，英国一旦被纳粹击溃，希特勒一朝得势，势必严重威胁到美国的全球利益。美国全力支持英国，是理所当然的事情。

但是，美国国会一些目光短浅的议员们只盯着眼前利益，丝毫不关心反法西斯盟友和欧洲糟糕的战局。而罗斯福却认为必须说服他们，使《租借法案》顺利通过，以全力支持英国，他特别举行了一个意义重大的招待会。

"尊敬的女士、先生们！"罗斯福在简要地介绍了《租借法案》以后，紧接着就来说明他的设想了，"假如我的邻居失火，在数百英尺处，我拥有一条浇花的水管，要是赶紧借给邻居拿去接上水龙头，就可能帮他灭火，以免火势蔓延到我家。但是，在救火前要不要对他讨价还价？喂，朋友，十万火急，邻居到哪里去找钱。我想，还是不要他15元为好，只要他灭火之后原物奉还。如果灭火后水管还好好的，他会连声道谢；如果他把东西弄坏了，他得照赔不误，我也不会吃亏。"

记者们紧追不舍，问罗斯福总统："请问，总统阁下所说的水管一定是指武器了！"

"当然，"罗斯福毫不掩饰，"我只不过以此来阐述《租借法案》的原则而已。也就是说，如果你借出一批武器，在战后得到归还，而且没有损坏的话，你就不吃亏；即使军火损坏，或者陈旧了，干脆丢弃，只要别人愿意理赔，我想，你依然没吃亏，不是吗？"

这一番回答之后，再也没有人对此提出任何质疑与反驳了。

这种方式的开场白很能引起听众的兴趣，而且在语言操作上也比较容易，适合那些初学演讲的朋友使用。总之，你要注意的是故事型的开场白一定要摒弃复杂的情节和冗长的语言。

开门见山

开门见山式的演讲开场白，也就是一开始就用高度凝练的语言把演讲的基本目的和主题告诉朋友，引起他们想听下文的欲望，接着在主体部分加以详细说明和论述。如《在马克思墓前的讲话》：

3月14日下午两点三刻，当代最伟大的思想家停止了思想。让他一个人在屋里总共不过两分钟，等我们再进去的时候，便发现他在安乐椅上静静地睡着了，但已经是永远地睡着了。这个人的逝世对欧美战斗着的无产阶级、对于历史科学，都是不可估量的损失。这位巨人逝世以后形成的空白，在不久的将来就会使人感觉到。

在这里恩格斯以极为简略、精当的话语明确道出了他这次演讲的主题。

开门见山型的开场白适合于比较庄重的演讲场合。因此，它要求必须具备高度的总结概括能力。

幽默的开场白

幽默型即以幽默或诙谐的语言及事例作开场白。这样的开场可以使听众在演讲者的幽默启发下集中精力进入角色，接受演讲。

因为笑话中人物鲜明，情节离奇，意义深远，俏皮幽默，所以在演讲开始讲一个笑话会令听众开心解颐，得到启示，在轻松的气氛中领悟演讲观点。

运用笑话开始演讲要轻松地去体现，并配合以微笑、点头等态势语，表现出真实情感；要用清楚而贴切的语言，不装腔作势；要正视听众，求得共鸣，讲之前不要急着做言过其实的应允或表现出过分的谦卑，过高或过低的估计都会使听众反感。

引用的开场白

演讲的开场白也有直接引用他人话语的（大多是名人富有哲理的名言），它为演讲主旨做事前的铺垫和烘托，概括了演讲的主旨。

抒情的开场白

这种开场白主要借助诗歌、散文等抒情文学的形式，通过华丽的辞藻和汹涌澎湃的激情感染听众，把听众带入诗一般的境界。多数参加演讲比赛的朋友都喜欢运用这种类型的开场白。

林肯在为独立战争时期一位烈士的遗孀辩护时说：

现在，1776 年的英雄早已长眠于黄泉，可是，他那衰老而可怜的遗孀还在我们面前，要求我们代她申诉。这位老妇人从前也是一位美丽的少女，曾经有过幸福愉快的家庭生活，然而，她为美国人民牺牲了一切，到头来却变得贫困无依，不得不向享受着革命先烈争取来的自由的我们请求一些援助和保护。试问，我们能视若无睹吗？

演讲注意承上启下

演讲，尤其是赛事演讲，一般来说，选手都需要对演讲的开头、中间、结尾进行全面完整的设计。不可能也不太好做过多的临场更改，但如果你能独辟蹊径，逆向求新，巧妙地承接上一位或前面几位选手的演讲话题，或是对他们演讲中的观点、动作等进行引发，效果将非同凡响。这种临场性的引发会给听众留下良好的印象。

演讲的结束

结束演讲的方法是多种多样的，没有一种适合于任何特殊情况的通用方法。演讲者可根据自己演讲的具体时间、地点、主题、听者及自己个性等因素，选择适合于自己结束演讲的方法，使之有效地为自己演讲的思想和目的服务。

在演讲的结尾，也有些演讲者不考虑如何把演讲留到听众心中，让演讲走入听众记忆深处，而喜欢用一些没有信息含量、没有感情力度的陈词滥调，以致留下松散、疲沓无力的尾巴。有位演讲者这样结束他的演讲："我的演讲就要结束了，此时我向大家表示深深的歉意。耽误了每人五分钟，加起来就耽误了大家五百分钟，很对不起！"本来这位演讲者音色可以，感情贯通，可这样的结尾实在差劲，似乎让人想到鲁迅先生的一句话：耽误别人的时间等于谋财害命。前面精彩的部分被这苍白无力的话语冲淡了。

演讲的结尾应该感情充沛，语气铿锵，像美国作家约翰·沃尔夫说的"演讲最好在听众兴趣未尽时戛然而止"。给人以振奋，给人以鼓舞，给人以无穷的思考和无尽的遐思。

古希腊哲学家苏格拉底被指控由于不信仰人们共信的神而被处死刑时，临死前演讲的最后一段是："诀别的时刻到了——我将死去，而你们还将活下去，但只有神知道我们中谁会走向更好的国度。"这句话意味深远。

常用的方法

（一）在演讲结束时简洁、扼要地对自己已阐述的思想进行总结，帮助听者加深印象。

（二）利用赞颂的话结束演讲。人一般喜欢被赞颂。通过一些赞颂的话，会场的活跃气氛可达到一个新高潮，讲者和听者的关系就更融洽了，给听者留下一个满意的印象。但要注意，讲者在说赞颂的话时，不能有过分的夸张和庸俗的捧场，否则听者就会有溢美或哗众取宠的感觉。同时，讲者说话的表情要自然，态度要严肃，口气要诚恳。

（三）利用名人的话或轶事结束演讲。权威崇拜是一种普遍存在的社会心理，恰当地运用权威和名人的话或者轶事结束演讲，可以把演讲推向一个新高潮，给讲者的思想提供最有力的证明。讲者可借助这样的话来结束演讲："最后，我想引用×××的话（或者关于×××的一个轶事）来结束我的演讲……"但要注意，讲者引用名人的话或轶事要有针对性，要能丰富和深化自己演讲的主题。

（四）利用诗结束演讲。用诗结束演讲可使演讲显得典雅而富有魅力，听者听了也会产生清新和优美的感觉。引用诗句同用名人的话或轶事一样，要有目的，要为演讲的主题服务。同时，讲者引用的诗一定要短，最好四句，最多八句，而且讲者一定要谙熟地背诵所引用的诗句，否则弄巧成拙，反而影响演讲效果。

（五）利用幽默结束演讲。除某些较为庄重的演讲场合外，利用幽默结束演讲可为演讲添加欢声笑语，使演讲更富有趣味，并给听者留下一个愉快的印象。讲者利用幽默结束演讲时，要做到自然、真实，使幽默的动作或语言符合演讲的内容和自己的个性，绝不要矫揉造作、装腔作势，否则只会引起听者反感。

（六）利用呼吁结束演讲。这种方法对一些"使人信"（相信）和"使人动"（行动）的演讲来说，效果尤为显著。讲者通过对与听者有共同思想、共同愿望、共同利益和共同语言的某问题的阐述，使演讲达到一定高潮。然后，讲者利用一些感情激昂、动人心弦的讲演词对听者的理智和情感进行呼吁，并借助像"为实现我们预定的目的而奋斗"等语言，向听者指明行动的具体步骤，这样，讲者实现了激励和感召听者的目的，听者马上就会明了讲者的意图和自己行动的具体方案。

（七）利用动作结束演讲。在演讲中，讲者的动作（无声语言）是与听者交流思想的重要媒介，利用动作结束演讲，是一种具有独特风格的方法。例如，有位演讲者在结束自己的演讲时，穿上外套，戴好帽子，拿起手套，尔后诙谐地对听者说："我已结束了自己的演讲，你们呢？"出人意料的绝妙立刻博得了全场听者的掌声。

绝妙诱人的结尾

演讲要获得全面成功，一定要精心设计好结尾。也就是俗话所说的："编筐编篓，全在收口。"如果说好的演讲开头犹如"凤头"，那么好的演讲结尾就像"豹尾"。豹尾者，色彩斑斓而又强劲有力。结尾是对整个演讲的总结，它承担着收拢全篇的任务，因此，其意义非常重要。演讲的结尾既有文采又坚定有力，既概括全篇又耐人寻味，才能使全篇演讲得以升华，收到良好的效果。

对讲演结尾的要求大致可以归纳成以下三点。

（一）加深印象，结束全篇

当演讲基本完成，听众对你的观点、态度以及讲述的有关知识基本上已经掌握时，就必须考虑"收口"了。"收口"将从视觉上、听觉上给听众留下最后印象，将在听众的大脑屏幕上"定格"。"收口"的好坏直接决定了听众对整个演讲的印象。精彩的结尾往往能弥补一些不足，强化听众的总体印象。只要我们留意一下，便会发现古今中外的演讲家对结尾都是很重视的。

（二）言简意赅，耐人寻味

演讲结尾切忌重复、松散、拖沓、枯燥，尽量避免那种人云亦云的客套式的结束语。结尾言简意赅应该是演讲者追求的目标。

结尾应犹如撞钟，余音缭绕，耐人寻味，令人感奋向前。

（三）戛然而止，余音绕梁

结束语是演讲的重要组成部分，精妙的结束语能使演讲收到意想不到的效果。通常情况下，结尾不应冗长拖沓，更不能画蛇添足，而要在达到高潮时戛然而止，给听众以余音绕梁、回味无穷的感觉。结尾时要尽可能达到与听众感情上的交融，引起听众的共鸣。在把握好分寸的前提下，满腔热情地提出希望、要求和建议。

结尾要干净利索，凝练有力，极富人情味和鼓动性。

当演讲因种种原因需要中止时，如果演讲者仍然滔滔不绝讲个不停，必然引起听众的反感。因此，一定要学会适可而止。

高潮式、总结式和余韵式的结尾

与演讲的开场白一样，其结尾也有不同的形式。结尾结得好，能给人余音绕梁、回味无穷的感觉，也可令人深思。其形式一般有以下几种。

（一）高潮式

演讲如果在演讲主题思想的升华、情绪氛围的渲染都达到了最高点时结尾，我们把这种演讲结尾方式称为高潮式。

"一二·一"是昆明的光荣，是云南人民的光荣。云南有光荣的历史，远的如护国，这不用说了。近的如"一二·一"，都是属于云南人民的，我们要发扬云南光荣的历史！

反动派挑拨离间，卑鄙无耻，你们看见联大走了，学生放暑假了，便以为我们没有力量了吗？特务们！你们错了！你们看见今天到会的一千多名青年，又握起手来了，我们昆明的青年决不会让你们这样蛮横下去的！

反动派，你看一个倒下去，可也看得见千百个继起的！

正义是杀不完的，因为真理永远存在！

历史赋予昆明的任务是争取民主和平，我们昆明的青年必须完成这任务！

我们不怕死，我们有牺牲的精神，我们随时像李先生一样，前脚跨出大门，后脚就不准备再跨进大门！

这是李公朴被杀之后闻一多先生的演讲，他在结尾时把群众的愤怒情绪调动到了最高潮。而实际上，"把高潮放在结尾"是许多演讲人士自觉不自觉地都在运用和遵循的一条重要法则。

（二）总结式

在演讲结尾时，对前面所讲的内容进行提纲挈领的归纳和总结，就叫作总结式。对于初学演讲的人来说，这种结尾方式很容易被掌握，但要注意，总结时要避免对前面演讲内容和形式作简单的重复。

（三）余韵式

运用余韵式结尾，就是在演讲中以含蓄或者留有余地的语言来表达主题，让听众能在演讲结束后的思索中体会其言外之意，而受到启迪，或者总结演讲的精华主旨并深化主题。

格言式、号召式和呼吁式的结尾

（一）格言式

所谓格言就是指那些语言简洁、内涵丰富、富有劝诫与教育意义的话。运用格言结尾，可以把演讲的主题思想或最后结论浓缩在一两句话中，言简意赅，从而使听众受到深刻的教育和启迪。

亨利"不自由，毋宁死"的雄壮的战斗呐喊，由此成为美国独立战争时期最有力的战斗宣言。要知道，创造格言并不是文学家、思想家的专利，只要你能在演讲中深刻地把握住演讲主题，并能通过极为精练的句子传达内涵丰富的思想，就能创造出完全属于你自己的格言。

（二）号召式

所谓号召式就是在演讲快结束时，运用极富鼓动性的言辞号召人们有所行动的演讲结尾形式。比如，某些竞选性的演讲结尾以"请投我一票"来结尾便是最为典型的号召式。

号召听众采取的行动既可以是某种具体的动作，也可是抽象的、概括的行为，如闻一多先生在《最后一次讲演》中的结尾："我们要准备像李先生一样，前脚跨出大门，后脚就不准备再跨进大门！"（长时间的热烈鼓掌）在这里，闻一多先生以"后脚就不准备再跨进大门"的形象比喻来号召人们时刻做好为革命事业牺牲的准备。

（三）呼吁式

这里所说的呼吁，就是运用辞令号召、引导听众去采取行动。这是许多有经验的演讲者通过亲身实践总结出来的切实可行的结尾方式，它既可使人心悦诚服，同时又能催人奋进。

当然，你与听众之间必须有共同的思想、共同的愿望、共同的利益和共同的语言作为基础，在这个基础上，你可放开思想包袱，运用富有哲理的、感情激昂的、动人心弦的语言去打动听众、呼吁听众做出某种行动。只有胸襟开阔、目光远大、实事求是、毫无矫揉造作和浮夸虚饰的呼吁，才能够打动人心，引起听众的共鸣。

引述式、幽默式和赞颂式的结尾

（一）引述式

所谓引述式，就是指在演讲中引用与演讲内容相关的权威性言论来结尾，从而点题或深化主题的结尾方式。

早在两千多年前，亚里士多德就把权威的言论看作使人信服的三大手段之一了。由于这种权威的言论是人们普遍相信的，因此，我们如果能把这种言论运用到演讲的结尾中去，就等于再次有力地证明了演讲的主题思想的正确性。这种权威性言论包括名人名言，以及经过历史考验、被证明是可以确信不疑的格言、成语、谚语，或者是人们普遍喜欢的文学名著中的警句、诗句等。当然，所引权威言论必须与演讲内容相关或完全吻合，使之有针对性，并能点出演讲的主题。

（二）幽默式和赞颂式

戴尔·卡耐基说："最好在听众的笑声中说再见。"他认为，达到了这一目的就表明一个人的演讲技巧已十分成熟了。取得这种效果的方法有两种：一是幽默的话语，二是幽默的动作。无论采取哪一种方式，都需要运用人的智慧。幽默之所以引人发笑与深思，主要是因为面对同一个内容，不聪明的人按部就班，有智慧的人却能用别出心裁的方式将其表达出来。

幽默可使会场的气氛达到一个新的高潮，从而使你和听众的关系变得更为融洽、和谐，同时，演讲过程中的一些讲话欠妥的地方，也可在因赞颂而引起的友好气氛中烟消云散，从而形成良好的氛围，使演讲取得较好的效果。

不过，你要注意的是赞颂要恰如其分，不真诚或过分的赞颂会有拍马屁之嫌而令听众不自在。

运用祝福语

演讲，尤其是生活中的社交礼仪演讲主要目的是催人上进，使人愉悦，激人奋起。无论是欢迎会、告别会、追悼会、联欢会，还是茶话会、酒会等，演讲者表达的总是一种对生活的赞美、对人性的讴歌、对痛苦的反思、对未来的向往。这些演讲要感情真挚，如果能在后面用上几句祝福语就像是点燃一盆炭火，使听众温暖如春。

运用祝福语结尾要注意：

（一）发自内心，亲切动人；

（二）注重场合，适度适情；

（三）通俗易懂，简短明白。

各位老师、各位来宾：

今天我们济济一堂，隆重庆祝××先生百岁华诞。在此，我首先代表学校并以我个人的名义向××先生表示热烈的祝贺，衷心祝愿××先生身体健康！同时，也向今天到会的各位老师表示诚挚的谢意，感谢大家多年来为××系的发展、特别是××学科建设所做出的积极贡献！

××先生是××学科的开拓者和学术带头人之一，也是我国××研究领域的一位重要奠基人。××先生德高望重，学识渊博，在长达60年的教学和研究生涯中，他淡泊名利，不畏艰难，孜孜不倦，不仅为××系而且为当代中国的××学科建设以及人才培养做出了卓越的贡献。

……

××先生不仅著书立说，为学术界贡献了许多足以嘉惠后学的优秀学术论著，而且教书育人，言传身教，培养了许多优秀的人才。

……

几十年来，××先生以自己的学识和行动，深刻影响和感染了他周围的同事和学生，为后辈学人树立了道德文章的楷模。在××先生百岁寿辰之际举行这样一个庆祝会，重温他的道德文章，是非常有意义的，必将激励大家以××先生为榜样，进一步推进全校的师德建设和学科建设。

最后，再次衷心祝愿××先生身体健康！祝××系更加兴旺发达！请大家干杯！

谢谢大家！

第五章　演讲现场的技巧

情感沟通的技巧

全力以赴，争取好感

（一）全力以赴

诚实、热心和认真的态度，能帮助你达到目的。一个人的强烈情感，能使他展示真正的自我，这是因为强烈的情感能清除一切障碍。这样的演讲者，其行动和演说犹如在无意识中进行的。这种自由发挥的状态就是演讲的最佳境界。

在英国，有一位名叫乔治·麦克唐纳的传教士，他在布道时发表了题目叫《致希伯来人书》的演说，给人留下了深刻的记忆。他说：各位都是信仰虔诚的人，对于信仰的含义，相信已有一定的了解，用不着我多说，何况还有许多比我更优秀的神学教授在这儿，我之所以站在这里，只是为了帮助你们加强信仰。

这时，他把全部注意力都集中到演说中去了。为了使听众产生真正的信仰，并且虔诚地表达出来，他全力以赴地演说着，他那充满热情的话语将眼睛所无法看到的永恒真理和自己坚定的信仰生动具体地表达了出来。他说话态度诚恳、感情真挚，这一切反映了他淳朴敦厚的内在气质，而这种演讲态度正是他成功的关键。

柏克·艾德曾写过出色的演说词，被美国各大学当作雄辩的成功典范来研究，可他本人的演说很失败，因为他对珠玉一样的演说词，缺乏热烈而生动的表达能力，每当他站起来发表演说时，听众便开始坐立不安，有的咳嗽，有的东张西望，有的走动，有的打瞌睡，有的干脆走出会场，这种情形在会场里实在令人尴尬。因而他得到一个"晚餐报时钟"的绰号。

一枚足以穿透钢板的子弹，如果用手投掷的话，就连衣服的一角都损伤不了，因为它没获得足够的速度，所以没有强大的动能；相反，如果你把豆腐当子弹发射的话，它也无法损伤什么。

同样一篇十分精彩的演说词，如果在它的背后没有高水平的演讲技巧来加以再现的话，那么其效果就会和发射豆腐一样软弱无力。因为它虽有速度，但是本身质地太软了。

（二）让听众产生强烈的好感

演讲追求的是一种自然的表达。这种表达是指把自己心中所想的事，所积聚的情感，诚恳地用言语和表情表达出来。掌握了演讲技巧的演讲者，在演讲时就会注意使用比较丰富的词汇来描述，从而扩大自己的内涵所能表现的范畴。如果你认为缺乏改变自己的能力，那么这种表现就难以进行；如果你对改变自己的方法很重视，那么你就会寻找到适合你个性的表达方式。

比较积极有效的方法有：经常检查自己演说时音量的高低、速度的快慢、节奏的强弱等。检查方法：利用录音带录下自己的演说，然后边听边作自我分析，或是请朋友听了你的演说后来评判。当然如果能请到专家予以指导，那么演讲技巧会达到更高的境界。

同时，你要记住，不要把太多注意力放在你的表达方式上，那样会使演说流于形式。因此，你面对听众发表演说的时候，一定要满怀热情、全力以赴地去争取听众产生强烈的好感，只有这样，你才能够自由地表达你的思想、意念、情感，才能使你的演说具有极强的说服力。

把握听众心理的技巧

由于对演讲效果的评判在很大程度上是根据听众对演讲的接受程度而定的，所以应把握演讲过程中听众的心理。十分有名的《钻石的土地》是由康威尔·罗李演讲的，而且他曾经演讲过 6000 次以上，也许有人会以为他的演说只不过像录音机一样，多次播放相同的内容，甚至连每一句话的抑扬顿挫都没有改变。然而事实并非如此，因为罗李明白每一次的听众都不尽相同，他必须对演说作适当调整，以满足不同层次、不同品位的听众。他到某地发表演说前，总是先去拜访当地的各个阶层的人物如局长、经理、工程师、理发师等，或是随便和某人闲聊，并从闲聊中根据他们的言谈举止分析他们会有怎样的期望。然后，才因地制宜、因人而异确定内容、题材，再发表演说。无疑，罗李深知思想传达的成功与否在很大程度上取决于听众的理解和接受程度的高低。《钻石的土地》并没有留下讲稿，但他以同一主题讲了 6000 次以上，并取得了成功，这完全得益于他对人情世故的敏锐洞察和演讲的机敏应变。这给我们揭示了一个深刻的道理：演说必须融合听众的心理，符合听众的知识结构。

（一）听众关心的事应纳入演讲

罗李博士认为演讲成功的要素之一是缩短演讲者与听众的心理距离。事实证明，如果是涉及听众所熟知并相关的事物，听众便能较快地接受演讲者的观点、演讲就容易获得成功。

艾立克·约翰斯敦曾担任过美国工商会长、电影协会会长，他的演说很善于利用演讲地的风俗民情和实际情况。在俄克拉荷马州立大学的演说中，他成功地运用了就地取材这种方法。

俄克拉荷马这块土地对商人而言，原本与鬼门关一样，被认为是永无发展的荒凉之地，甚至在旅游指南中被删去了名字，这都是不久前发生的事情。你们一定也曾听说过，1930 年左右，曾经过这里的乌鸦，向其同伴提出警告，除非已备足粮食，否则到这里就无法生存。

大家都把俄克拉荷马当成无可救药之地，绝不可能有开拓性发展。但到了 1940 年，这里奇迹般逐渐变成了绿洲，甚至将她的美妙变革谱成流行歌曲：大雪过后，微风轻拂，麦田飘散着芳香，摇曳多姿……这不是俄克拉荷马欣欣向荣、勃勃生机的写照吗？

仅仅10年的时间，你们的家乡已由一片黄土沙漠，摇身变为长得像大象一样高的玉米田，这就是信念的报偿和敢于冒险犯难的结晶。

由于演说者善于从听众所熟悉的生活环境、切身体验中选材，然后经过分析、归纳、总结，在纵向比较和横向比较上做文章，因此取得了演讲的成功。他的话不是教条，新奇、生动、贴切，紧紧抓住了听众的心，拉近了演讲者与听众的心理距离，所以成功是必然的。

演说者的成功正是在于他明了听众的目的，以及听众期望演讲者能给他们提供的解决难题的知识和方法。有了这样的认识，你才会寻找到听众的真正疑惑或需求，确定自己的演讲内容、主题，也才能有的放矢地演说，才能拥有取得成功的先决条件。如果听众渴望了解当前的局势，那你可以分析国际国内的政治动态；如果听众希望了解怎样进入股市，那你可以对他们讲述有关股市、股票的基本知识……英国新闻界的威廉·伦德夫·赫斯特作为美国大报业的经营者在被问到哪种话题能吸引听众时，他毫不犹豫地回答："就是与自身息息相关的话题。"正是在这种理论指导下，他建立了他的新闻王国。

不用举更多的例证，便可知道与听众休戚相关的话题必然赢得听众的认同进而被听众接受。如果我们心中没有听众，以自我为中心，听众就会感到事不关己，因而显得心不在焉，东张西望，这无疑是对演讲者的嘲讽。

（二）真诚的褒扬

听众是一个思维活跃的群体，他们会根据自己的立场对演说进行评价。如果你不尊重他们，他们会不留余地地拒绝你。所以，如果听众有值得称道的表现，就应抓住时机予以肯定。做到这点就等于拿到了自由出入听众心理王国的通行证。当然，应有赞扬的技巧，否则只会适得其反。

（三）寻找共同点

演讲与对话都是人际交往与沟通的必要手段。如果你是应邀演讲，那么与听众建立起融洽的关系是很重要的。英国前首相麦克米伦在美国德堡大学毕业典礼上，他的开场白就不失时机地抓住了听众的心。"感谢各位对我的欢迎，虽然作为英国首相在这里发表演说的机会并不多，但我并不认为我是英国首相才被邀请。"然后，他又回顾了自己的家世，并告诉听众，他的母亲是出生在本州的美国人，而他的外祖父就是印第安纳州德堡大学的首届毕业生。

麦克米伦以其直系亲属的血缘情分，和属于开拓者时代的美国学校生活方式为话题所发表的演说，其反响之热烈自不待言，获得这一成功的重要因素无疑是巧妙地抓住了听众与演讲者双方的共同点。

（四）让听众充当演说中的角色

曾有一位演说者，想要向听众说明从踩刹车到车子完全停止之间的行车距离。这位演说者请了一位坐在最前排的听众站起来，协助他说明车距与车速的关系。被指定的听众拿着卷尺站在台上，按照演说者的解释前进或后退。这种情况不但具体表现了演说者的观点，同时，也具有与观众沟通的桥梁作用。

有时为了达到让听众扮演一个角色的效果，可以向观众提问，或者让听众重复一遍演讲者的话，然后举手回答。《富有幽默感的作家与说话》的作者巴西·H.怀汀一再强调要让听众直接参与表决，或让听众帮忙解决问题。并且认为要有正确的思维方向。如果用演讲稿的方式去演说，那么观众的反应肯定不会很强烈，应把听众当作你共同事业的合作伙伴。演说者如果做到观众参与，就能使他要表达的论点更加深入人心。

（五）使听众感到平等

演说者以怎样的态度与听众沟通，是十分敏感的问题。假如以一种有良好教养、拥有较高的社会地位或社会权力的态度和腔调对听众演讲，大都会受到排斥和反感，因为谁都不愿低人一等、听人训话。因此，演讲者首先应采取低姿态使听众感到平等，才能与听众建立良好的沟通关系。诺漫·V.比尔曾忠告一位演说缺少吸引力的传教士："诚恳是首要的条件。"

身体语言的技巧

身体语言是使演讲效果更好的一种演讲技巧。在深入讨论这一问题之前，必须先弄清楚什么是身体语言。

所谓身体语言是通过人体器官的动作或改变某一部分身体形态来进行情感思想交流的一种符号序列。通俗地说，身体语言是利用身体动作来传递信息从而达到交际手段的。由于身体语言主要由身体形态的变化来表达，因此又有人将其称为态势语言。

身体语言在人类文明历史发展进程中的地位和作用虽然不及有声语言，但是，身体语言所表达的意义比有声语言更丰富、更真实。有声语言所表达的各类信息，大多经过了人的理性思考和总结加工，因而大多蕴含着人的意识中更深层次的东西。而以传递人的情绪和欲望为主的身体语言，在大多数情况下是一种无意识的自然动作，它来源于人先天的动物本能和遗传形态，同时也受一定文化习俗的后天熏陶。

学习研究身体语言，至少具有以下几方面的重要意义。

（一）学习各种符合社会规范的身体语言，使个人的身体语言社会化。

每个人在婴幼儿时期就开始运用身体语言。最初运用的身体语言具有先天遗传的性质，仅仅表达人的基本感情和原始表情，如喜怒哀乐、饥渴痛痒等。随着年龄的增长，身体语言的学习范围扩大到后天习得的某些社会规范化的类型，如礼貌动作、卫生习惯等。有意识地学习身体语言，将促进个人身体语言的社会化，帮助我们获得社会的认同。

（二）了解他人的内心世界，领会对方表达的深层次心理信息。

身体语言比有声语言更能真实地流露出人的情感和欲望。因此，首先在医学、文艺、公安等领域，掀起了研究身体语言及其丰富涵义的热潮。接着，语言学、传播学、美学，特别是各类管理学科，也相继开始关注身体语言，而且越来越广泛地对此进行研究与应用，从而更深入地了解了人的心理和生理，并且更有效地促进了本学科在各个领域中的广泛应用。

（三）帮助人们有意识地运用身体语言，使个人的事业获得成功。

绝大多数身体语言是可以通过学习掌握并加以控制的。一旦学习和掌握了身体语言丰富的内容与各种形式，就能帮助人们从无意识到有意识，从家庭小范围到社会大环境，把握自己的身体语言，让它更有效地为个人生活、工作服务，从而取得成功。在演讲时，身体语言技巧的运用，会直接影响演讲的效果。自然、适度、灵活、优雅是对演讲身体语言的基本要求。在演讲中，身体语言有两种：站姿和坐姿。站姿比坐姿更具有表现力，而坐姿则要把听众的目光吸引到胸部以上，训练起来难度要更大些。

头部语言的运用

如果不是表达的需要，演讲者的头部就一定要避免往一侧偏，也不要抬得过高或垂得过低。因为面对听众时，演讲者在众目睽睽之下会感受到一种"视线压力"，变得怯场。但是，演讲者是不能无视听众视线的。调整怯场心理的办法有两种：一是运用"回避目光法"；二是把自己的视线投向听众中频频点头的人，从而增强演讲的信心。大胆地将视线对准听众，你与听众之间才会营造出一种亲切交流的氛围。

"眼睛是心灵的窗户"说的是人的紧张、疲劳、喜悦、焦虑等各种情绪都会清楚地写在脸上。而复杂的面部表情会让听众留下极其深刻的记忆。如果表情单调、呆板，那么你的演讲也就毫无说服力可言。而且演讲时，表情切忌做作，初学演讲的朋友则要注意避免那些表示羞涩、胆怯或掩饰口误的消极表情。

当演讲内容变化时，头部也应该随之变化以辅助表达不同的情感。当表示希望、请求、祝愿和思索时，你可以把头部微微抬高，同时视线也随着上升；当表示羞怯、谦虚、内疚和沉痛时，你则要稍稍低头，视线下垂；演讲时，你的头部向前，表达的是同情和倾听，你的头部偏向侧方，则表现的是高傲和自信，等等。请记住，一定要根据内容来确定头部的不同状态。

此外，头部的运动也不能太频繁，幅度不宜太大，而是要自然。自然的头部运动要伴随着颈部、背部和腰部的运动，并且要互相和谐一致。如鞠躬敬礼时，低头应配合弯腰，但不要让听众看到你的头顶。

手势语言的运用

职业演说家通常都要训练自己的手势语言，而非职业演讲者在设计演讲时的身体语言时，考虑得最多的往往也是手。由此可见，手势语言在演讲中的地位是不容忽视的。在演讲中，不同的手势表达不同的情感与意愿。

手心向上常常表示风趣、幽默或坦诚、直率、奉献、许诺等。例如，当讲到"从这里，我们又将踏上新的征途，去收获另一个金秋"这类演讲词时，你可以单手手心向上，从胸前缓缓向前方偏上的角度伸出；当说到"此刻，让我们伴随欢快的音乐，跳舞吧"，你也可以两手手心向上，从胸前往前平伸，左右适度地分开。手心向下一般表示否定、抵制、反对、抑制或消失、宁静等。例如，当讲到"仁慈的人大声疾呼：'和平！和平！'但是没有和平"的时候，你的手势语可以设计为两手手心向下，手掌有力而均衡地向两边划开，但肘部的动作幅度不能太大；当讲到"月光洒落在静静的小溪和树林上"这类演讲词时，你的手势语可以是单手手心向下，往前伸，然后从内向外缓缓移动，表现出月夜山野的宁静。

两手分开往往表示分离、消极的意义，可用在演讲词中表达悲伤，消极。如"从此，我们彼此将远隔天涯，在人生旅途上苦苦跋涉"等。

手心向外的竖势姿势总是表示对抗、分隔、矛盾或反对等。例如，当讲到"我们从来不吃这一套"时，你可以一只手手心向外或成竖立状，用力向前推出。

握紧拳头表示团结、挑战、信心、警告等。例如，当讲到"我们将用行动向你们证明，我们是好样儿的"这类具有挑战、自信的演讲词时，你可以一只手握拳，拳心向内，有力地在胸前轻微振动。

在演讲时，你还可用双手高举、手掌摊开、掌心面对听众的手势语言来表达自己对听众的谢意。

当然，手势语言的表意非常丰富，在此无法一一列举说明。但对手势语言的基本要求是不变的，那就是：尽量简明凝练，不要多次重复而使演讲失去吸引力，不要喧宾夺主，从而削弱了有声语言的主体地位。

初学演讲者，大多不知双手该往哪儿放合适，那是因为害怕面对众多的听众。这时，你不妨在演讲开始时，以下列方式来处理两手的位置：一是把两只手轻松自如地垂放在身体两侧，稍有先后之分；二是可以用一只手握住演讲稿或者书本，或者麦克风等物品，这样有助于消除你的紧张，使你的手放得更自然；三是当你的前面有讲台时，你可以把手轻轻地放在讲台上。其实，当你投入地去演讲时，手就不会不自然了。

初学演讲者的手大多会无意识地做出一些多余的或不雅观的动作，比如挖鼻子、捂嘴巴、摆弄钥匙、抚弄纽扣等，这些都是成功的演讲手势语言所不应该出现的。

身躯语言的运用

在演讲过程中，身躯在大多数情况下是面向听众的。但也不是一成不变的，根据演讲内容的需要，你也可以侧身或后转身，但一定要整个身躯自然协调地运动，而且时间不宜过长。更不要只扭头而不转身，像个木偶。

如果你是站着演讲，不要将身躯倚在墙壁或讲台上。如果你坐着演讲，请不要左右扭动身体，也不要把全身紧靠在讲台上。这些姿势会让人觉得你软弱无力，无修养。

腿、脚语言的运用

在演讲中，站立姿势以你自己感到自然、舒适为最佳。一般来说，这样的姿势是：两脚叉开站立成 45 度角，类似稍息的样子，但身体重心不变。在演讲过程中，你可以稍作走动，或者换换脚，但应进行得自然。运用手势语言时，一般要遵循"步行原则"，即手与脚不能同向，做左手手势时，右脚应在前；而做右手手势时，左脚应在前，这样才会有平衡感。

采用坐姿演讲时，一般来说都有讲台遮住身体的下半部分，因此你就不需要再为腿和脚的姿势多费心思了。设计腿、脚的动作，应注意避免这几种失误：频繁地走动；一只脚站立时，另一只脚脚尖踮地或不停地屈膝抖动；两脚交叉；把腿压在椅子边上等。

以上谈到的仅仅是演讲时身体语言的一些一般性原则。初学演讲者主要应注意防止消极的破坏性的身体语言的出现，而不必一开始就刻意去追求"一举手，一投足"都要完善和优雅。当演讲成为自己的本能习惯时，你就可以形成自己的身体语言风格，在演讲中展示真正的自我了。

演讲中的语言技巧

与用语言进行交流的任何方式一样，演讲同样需要遵循语言的一般规律，如合乎语法、讲究修辞等。但由于演讲者是在公众场合与众多听众进行面对面的直接交流，因此演讲更讲究视听结合的效果、情感参与的作用和临场应变的能力。

形象、个性、口语

使听众的视觉愉悦，那么你的观点就更容易让听众接受。为了使演讲效果更好，演讲者除应注意自己的外在形象和手势语言外，更应注意的是，演讲者要善于将抽象的哲理物化为活动的景象，让空洞的说教转化为鲜明的画面。

演讲要做到形象化，运用比喻和打比方是最有效的手段。如蔡顺华的题为《小狗也要大声叫》的演讲：

各位朋友，到这个讲坛演讲的，应该是曲啸、李燕杰、邵守义那样的大人物。我这个嘴上无毛的青年人站在这里，很不般配哟。（停顿，提高声调）

不过，我很欣赏契诃夫的一句名言："世界上有大狗也有小狗，小狗不应因为大狗的存在而慌乱不安，所有的狗都要叫！"小狗也要大声叫——就按上帝给的嗓门叫好了！今天，我这个自信的"小狗"，就来大胆地叫几声。

这新颖滑稽的开场白引起观众注意后，蔡顺华简单阐释了契诃夫比喻的本意，又很快从"小狗叫"引入了正题：

试想，一个单位、一个部门、一个地区乃至一个国家，倘若只充斥着极少数名家、权威和当权者的声音，虽不算"万马齐喑"，但群众，尤其是最富有创造力的年轻人的智慧和声音被压抑了，哪里会有真正的"九州生气"？

蔡顺华的演讲结尾更是围绕着"小狗叫"作了如下结论：

那些腹有经纶但阴柔有余、阳刚不足的奶油小生是不敢"叫"的；那些虽"嘴上无毛"但已深谙"出头椽子先烂"等世俗哲学的平庸之辈也是不敢"叫"的；响亮而优美的"叫声"，往往发自那些有胆识的开拓者与弄潮儿。如果我国的第一位"小狗"都发出了自己的"叫声"，那么地球也会颤抖的！

蔡顺华的演讲，通篇利用了"小狗叫"这生动、新奇又幽默的比喻，贯穿始终，使听众在轻松的气氛中接受了一个普通而又严肃的话题。使演讲通俗形象，道理深入浅出，还可选用生活中的实例来证明论点。

某些演讲需要运用数据说明问题，但仅仅把一连串枯燥的数据抛向听众，就会影响现场活跃的气氛。

要想不理会充满形象的演讲，就好像要求歌迷对自己心中的偶像在舞台上精彩的表演不能喝彩。法国哲学家艾兰曾说："抽象的风格总是差的，在你的句子里应该充满了石头、金属、椅子、桌子、动物、男人和女人。"这就道明了应选用形象化的语言。

世界上没有个性完全相同的两个人，就如世界上没有完全相同的两片树叶一样。演讲者应力求演讲出自己的风格，创造出独特的"讲"。每个演说家都有自己的风格。如鲁迅先生是分析透彻、外冷内热、富于哲理的演讲风格；郭沫若先生是热情洋溢、奔放跌宕、文辞富丽的演讲风格。

这就是继形象化之后的又一演讲技巧——个性化。

演讲的个性与演讲者自己的个性密切相关。每个人的个性形成与人的性别、年龄、生活环境、生活经历、文化修养、气质、职业等因素有关。如一位药剂师在第一次品尝啤酒时，脱口而出："哎哟，就像喝颠茄合剂一样！"药剂师的职业敏感使其把啤酒和颠茄合剂联系在一起，而不像一般人把啤酒比喻为溺水。

当演讲者的个性与演讲词的风格不一致时，演讲者的演讲是很难动情的，也很难感染人。如果演讲者文化层次很低，大谈一些极其深奥的哲理，只能是囫囵吞枣地背诵，而即使背诵出来也只显得极其牵强；平时很严肃的演讲者，生硬地念充满幽默情趣的演讲稿，总会显得不伦不类。与其这样，不如用符合自己气质、个性的语言进行演讲。

演讲风格的个性化还体现为演讲中所涉及人物的个性。对于演讲中涉及的人物个性不应是一种平白的交代，而要通过生动刻画、语言模拟等手法充分展现。

某些演讲，即使对其立意和材料挑不出毛病，而且从某种意义上来说，还是绝妙好词，但就是不能给观众留下深刻的印象。原因何在呢？其根本就在于演讲者没有把握住演讲词的风格，或者演讲者的个性与演讲词的风格迥异。演讲并不是任何人拿着演讲稿上台照念一遍就行了，还要注意其鲜明的个性，适当采用语言模拟、神态模仿等手段。

在演讲中，不仅要注意语言的形象化、个性化，还要注意演讲语言通俗易懂。若要使每一句话都深入人心，这就必须讲求语言的口语化。听众是否清晰地接受了演讲者的话是演讲是否成功的先决条件。

演讲语言不同于书面语言，听众在现场中不可能有余暇去理解某些生僻的词语和隐晦的意思，更不可能像阅读文章那样进行多次的反复领会。口头语言的接受特点就决定了演讲语言既要清楚明白、生动形象，同时又要具有较强的感染力。

对于初学演讲者来说一定要掌握书面语和口语的分寸。如果不是为了特别的修辞需要，写演讲词时，须遵循以下两条建议：

第一，尽量使用短句，少用长句，以保持语意之间足够的停顿；

第二，尽量使用清晰明快、言简意赅的语词，少用生僻、晦涩的古词或专业性强的术语。

"体面"与"堂皇""驼背"与"佝偻""寒冷"与"凛冽"等几组近义词或同义词，每组的后一个词语更书面化，能体现使用者的文化素养，但在一般情形的演讲中，使用后一个则不如前一个。而你若面对的是文化素养极高的听众，那使用后一个的效果可能会更好些。因此，演讲语言的使用原则必须根据具体情况而定。

要使演讲语言达到一个完整的统一体，就必须同时具备形象化、个性化、口语化三个条件，因为它们彼此之间存在必然的联系而不是静止孤立的。任何一个演讲者如果考虑到了这三个因素的重要性，并运用到演讲中，那他就具备了成为一个成功的演说家的先决条件。因此，对于初学者来讲，切不可想当然而为之，要把理论的学习和实践结合起来才能到达演讲成功的彼岸。

幽默、迂回、悬念

在《演讲入门》中，约翰·哈斯灵写道："幽默是演讲者与听众建立友好关系的最有效的手段之一。当你讲得听众眉开眼笑的时候，他们也就主动地参与了思想交流的过程。"哈斯灵总结了幽默在演讲中的作用：建立友好关系和促进思想交流。幽默的运用很讲究技巧与方法，下面简单介绍几种构成幽默的方法。

（一）故意夸张法

丰富的想象可表现为夸张，夸张就是扩大或缩小事物的形象、特征、作用，以强化语言的表现力，可构成幽默。

美国总统里根在竞选演讲中曾这样抨击物价上涨：

夫人们，你们都知道，最近，当你们站在超级市场卖芦笋的柜台前，你们就会感到，吃钞票比吃芦笋还便宜一些。

你们还记得当初你们曾经认为没有什么东西可以代替美元吗？而今天美元却真的几乎代替不了什么东西了！

里根通过对美元贬值的夸张，激起选民们对物价上涨的强烈不满，对当政者的不满，从而达到选民们支持他的目的。

（二）去"包袱"法

中国相声常用"设包袱""抖包袱"来构成幽默。演讲可以借鉴相声"丢包袱"这一表演手段，通过风趣的解答构成幽默。

（三）移花接木

当甲乙环境互换和甲乙词语互换时，可能会有令人捧腹的幽默效果。在《论男子汉》的演讲中，演讲者就大量运用了"大词小用"（移花接木）幽默法：

我选择了这样一个演讲题目《论男子汉》（掌声）。掌声证明了，这是一个真正时髦的问题（掌声、笑声）。广大的女同胞和男同胞都在积极地做这一时髦的促进派，呼声渐高，浪头一天比一天大，标准一天比一天高，要求一天比一天严，大有让所有的男性公民脱胎换骨、重新做人之势。著名演员刘晓庆说："做女人难，做一个名女人尤其难。"我说，做男人难，做一个男子汉尤其难也。（笑声、掌声）……而要成为一个男子汉，最能立竿见影的，大概就是所谓的物理方法了：穿一双中跟鞋，增加些"海拔高度"；（笑声）留一撮小胡子，显出些粗犷；着一条牛仔裤，添几分潇洒……

"脱胎换骨、重新做人""所谓的物理方法""海拔高度"等词语，大大增强了演讲的幽默效果，为演讲掀起了一个又一个的高潮。

（四）如实陈述

对生活中的可笑之事，照原样讲述，就能达到幽默效果。

有一位著名演讲家在一次演讲中，就运用了如实陈述的幽默法：

一个机关请我去讲一讲机关的常用文，即怎样写总结、简报、调查报告等。上课时，我就当众读了一些文章中的病句……其中有个表扬老师傅的："某某从苦水中长大，对党一直十分热爱，长期的耿耿于怀。"再一个"某某同志逝世了，我们全厂同志化悲痛为力量，真叫作穿着孝衣拜天地，悲喜交加"……

这样的如实陈述，使听众席上的气氛极为活跃，于是演讲也就不难成功了。在幽默技巧的运用中，要注意，材料和语言不能庸俗、低级；幽默要紧扣主题，分量适当，切莫喧宾夺主。

当然在演讲中通过幽默与听众建立友好关系和促进思想交流的方法远不止以上四个方面，一个成功的演讲家往往能即兴通过幽默调动听众的思想感情，而且做得恰到好处。读者必须明确真正的幽默是来源于广博的知识和敏锐的洞察力，而并非哗众取宠。

那么迂回法呢？有时演讲者并不直接阐明演讲主题而是以说反话、先贬后褒等手法，迂回达到演讲主题，这就是所谓的迂回法。这种手法往往能达到"山重水复疑无路，柳暗花明又一村"的演讲效果。

（五）悬念法

所谓悬念法就是指在演讲过程中提出一个听众极为关心的问题后，并不解答，听众又急于想知道问题的答案，从而调动听众的兴趣，让听众参与到演讲中去。设置悬念是一种有效的演讲方法。某大学举办写作知识讲座，老师在讲到细节描写时，首先设置了一个悬念："请问同学们，男生和女生回到宿舍时，摸钥匙开门的动作有什么不一样呢？"听讲的学生立即活跃起来，有的小声议论，有的抢着回答，有的干脆模拟自己回宿舍找钥匙的动作。主讲教师接着说："据我观察，大多数的女生在上楼梯时，手就在书包里摸摸索索，走到宿舍门口，凭感觉捏住一大串钥匙中的那一片钥匙，往锁孔里一塞，门就打开了。而大多数的男生呢？他们匆匆忙忙地跑到宿舍门口，'砰'的一脚或一掌，门不开，于是想起找钥匙，把钥匙片往锁孔里一塞，打不开，原来钥匙片又摸错了。"

这一番描述，引起了同学们会意的笑声。教师于是又总结道："把男女生回宿舍摸钥匙开门的动作描述出来就是一处细节描写，而细节描写的生动又来源于对生活的细致观察。"这位教师先巧设悬念，让学生积极参与到这个讲课的过程中，然后再利用解答悬念抛出知识点，取得了很好的教学效果。

1918 年 11 月，在第一次世界大战结束后，李大钊先生在北京学生的集会上，发表了著名的演讲《庶民的胜利》：

我们这几天庆祝胜利，实在是热闹得很，可是胜利的究竟是哪一个？我们庆祝，究竟是为哪个庆祝？我老老实实讲一句话，这回取胜的，不是联合国的武力，是世界人类的新精神，不是哪一国的军阀或资本家的政府，而是全世界的庶民。我们庆祝，不是为哪一国或哪一国的部分人庆祝，是为全世界的庶民庆祝，不是为打败德国人庆祝，而是为打败世界的军阀主义庆祝。

李大钊先生利用悬念引起听众的深思，然后再深刻地揭示这场战争胜利的伟大意义。这比枯燥的说教更能震撼观众。

称谓、节奏、简练

（一）称谓

"你、你们、我、我们"是最常用的称谓，在演讲中，这些称谓运用得是否得体与演讲的成功有着较为密切的联系。若将"你"与"你们"使用得当，就能集中听众的注意力，因为它时刻提醒着听众去维持一种"我是参与者"的心理状态，因此有利于拉近演讲者与听众的距离，进而使演讲获得成功的概率更高。例如一篇题为《硫酸与我们的日常生活密切相关》的演讲：

如果没有了硫酸，汽车将无法行驶，你必须像古代人那样骑马或驾驶马车，因为在提炼汽油时，必须使用硫酸。在你还没有和你的毛巾打交道之前，毛巾就已经和硫酸打过交道了，你的刮胡子刀片也必须浸在硫酸中处理……

但如果"你、你们"使用得不恰当，又可能造成彼此之间的心理鸿沟。例如，在一次学术讨论会上，一位语言学家作了这样的开场白："刚才几位同志的报告都很好，如果把你们的讲稿没收，你们还能不能讲得这样好呢？""你们"一词拉开了这个语言学家与其他人的心理距离，有一种居高临下的语气，于是，激怒了其他的语言学家，他们私下议论："把我们的讲稿没收，我们都讲不好？怎么，把你的讲稿没收，你就能讲好啦，你也太狂了吧！"

其实只要将开场白中的"你们"换成"我们"就行了。

据心理学家统计，精神病患者是使用"我"的频率最高的人。演讲者如果频繁使用"我"，听众会感觉你是个以自我为中心的人，那么你的演讲就不会受欢迎。此外，在演讲中，特别是学术讨论中，如果需要谦虚地表述个人的新观点时，就可以使用"我们"，听众会因你的谦虚而乐意接受你的观点。

（二）节奏

演讲抑扬顿挫是节奏的主要体现。如果没有节奏变化，听众就会昏昏欲睡。著名演讲理论家费登和汤姆森曾说："关于演讲速度，所应遵守的主要原则，就是随时注意变化。"

演讲中需要慢的地方有：重要的事情、数据、人名、地名，极为严肃的事情，悲伤的感情等。演讲中需要快的地方有：人人皆知的事情，精彩的故事进入高潮时，表达欢快的情感等。

停顿（沉默）是控制节奏、吸引听众注意力、调节现场气氛的一种重要方法。俗语道"沉默是金"，便是强调了沉默在某些场合的重要性。以下是几个沉默的实例。

美国前总统林肯是一个很善于运用沉默技巧的著名演讲家。当林肯说到某项要点时，会倾身向前，有时直接注视听众达一分钟之久。这种沉默比大声疾呼更有力量。采用这一手段，听众的注意力被高度集中起来了。

（三）简练

马克·吐温针对"演讲是长篇大论好呢？还是短小精练好？"这个问题讲了一个故事：

有一个礼拜天，我到礼拜堂去，适逢一位传教士在那里用哀怜的语言讲述非洲传教士的苦难生活。当他说了5分钟后，我马上决定对此事捐助50元；当他接着讲了10分钟后，我决定把捐助的数目减少5元；当他继续滔滔不绝讲了半小时后，我又在心里减到35元；当他再讲了一个小时，拿起钵子向听众哀求捐助并从我面前走过的时候，我却从钵子里偷走了两元钱。

他形象地回答了演讲需要简练。演讲语言提倡口语化和通俗化，但并不是纵容语言的冗长和啰唆。冗长和啰唆既影响表达效果，又会使听众生厌。演讲语言的冗长和啰唆主要是以下原因造成的。

重复论证。如1933年，美国参议员爱兰德尔为了反对通过"私刑拷打黑人的案件归联邦州立法院审判"的法案，在参议院发表了长达5天的马拉松演讲。有记者统计：爱兰德尔在讲台前踱步75公里、做手势1万个、吃夹肉面包300只、喝饮料46升。但他这次演讲并未达到他预期的效果，原因在于他用了琐碎的事例重复论证。

废话过多。有些演讲者在演讲时东拉一句，西扯一句，抓不住要点，思维混乱，逻辑不严密。其演讲只不过是废话的大集合，还有什么魅力可言呢？

打官腔。有些身居要职的官员喜欢说套话。在演讲中，貌似流畅、得体，实则空洞无物，令人生厌。有人曾入木三分地总结了这类官场语言：同志们，对于我们的工作，我们应该肯定该肯定的东西和否定该否定的东西。我们不能够只知道肯定应该肯定的，却不知去否定应该否定的；也不能只知道去否定应该否定的，却忘了去肯定应该肯定的；更不能去肯定应该否定的，而否定应该肯定的。

反复客套。反复地客套如"我水平有限，肯定有讲错了的地方，请大家多多指教""对这类问题我缺乏研究"等，使听众觉得你这种"老生常谈"大煞风景，令人厌恶。

总之，在演讲语言的技巧方面，我们应该牢记"人类的思考越少，废话就越多"这句名言。

第六章　突发状况的处理

如何面对自身失误

一次，里根总统在白宫钢琴演奏会上讲话时，夫人南希一不小心连人带椅跌落在台下地毯上，观众发出惊叫，但是南希灵活地爬起来，在众多宾客的热烈掌声中回到自己的座位上。正在讲话的里根看到夫人并没有受伤，便插入一句俏皮话："亲爱的，我告诉过你，只有在我没有获得掌声的时候，你才应该这样表演。"

只要把握得当，戏谑调笑的化解法大多数人都拒绝不了它的"功效"，因为它能使人开怀大笑，舒展情绪，在笑声中淡化尴尬与窘迫。

主动调侃自己

当我们与别人交往时，由于我们的过失，造成谈话中间出现了难堪，这时我们不要责备他人，还是找找自己的责任，采用自我调侃的方式低调退出吧。

当我们由于自己的原因造成尴尬时，最好的办法就是：不要死要面子活受罪，可以采用自我调侃的办法，来得真诚一点，表达自己真诚的歉意，而对方也不会喋喋不休地责备我们，相反还会因为我们的真诚，一笑而置之。

然而，当由于他人的原因甚至恶意使你陷入窘境时，逃避嘲笑并非良方，而你殚精竭虑地力图反击，很可能会遭到对手更多的嘲讽，不如来个180度大转变的超脱。这种超脱既能使自己摆脱狭隘的自尊心理束缚，又能使凶悍的对手"心软"下来。

当然，大多数人制造尴尬都不是恶意的，而是出于不小心，这时候，如果你过分掩饰自己的失态，反而会弄巧成拙，使自己越发尴尬。而以漫不经心、自我解嘲的口吻说几句取悦人的话，却可以活跃气氛，消除尴尬。

在尴尬的场合，运用自嘲能使自尊心通过自我排解的方式受到保护，还能体现出说话者宽广大度的胸怀。

尴尬场合，运用自我调侃可以平添许多风采。当然，自我调侃要避免采取玩世不恭的态度。具有积极因素的自我调侃包含着自嘲者强烈的自尊、自爱。自我调侃实质上是当事人采取的一种貌似消极、实为积极的促使交谈向好的方向转化的手段。

找个化解尴尬的"台阶"

在社交活动中，能适时地为陷入尴尬境地的对方提供一个恰当的"台阶"，使对方免丢面子，算是处世的一大原则，也是为人的一种美德，这不仅能获得对方的好感，而且有助于自己树立良好的社交形象。否则对方没能下得"台阶"而出了丑，可能会记恨终生。相反，若注意给人"台阶"下，可能会让人感激一生。是让人感激还是让人记恨，关键是自己在"台阶"上不陷入误区。

外圆内方的人，不但尽量避免因自己的不慎而使别人下不了台，而且会在对方可能不好下台时，巧妙及时地为其提供一个"台阶"。这是因为他们在帮助别人"下台"时，掌握了正确的方法。

（一）不露声色搭台阶

心理学的研究表明，谁都不愿把自己的错处或隐私在公众面前"曝光"，一旦被曝光，就会感到难堪或恼怒。因此，在交际中，如果不是为了某种特殊需要，一般应尽量避免触及对方所避讳的敏感区，避免使对方当众出丑。必要时可委婉地暗示对方自己已知道他的错处或隐私，便可对他造成一定的压力。但不可过分，只需"点到为止"。

既能使当事者体面地"下台阶"，又尽量不使在场的旁人觉察，这才是最巧妙的"台阶"。有一则报道很能启发人。在广州一著名的大酒家，一位外宾在吃完最后一道茶点后，顺手把精美的景泰蓝食筷悄悄"插入"自己的西装内衣口袋里。服务小姐不露声色地迎上前去，双手擎着一只装有一双景泰蓝食筷的绸面小匣子说："我发现先生在用餐时，对我国的景泰蓝食筷颇有爱不释手之意。非常感谢您对这种精细工艺品的赏识。为了表达我们的感激之情，经餐厅主管批准，我代表酒家，将这双图案最为精美并且经过严格消毒处理的景泰蓝食筷送给您，并按照大酒家的'优惠价格'记在您的账上，您看好吗？"那位外宾当然明白这些话的弦外之音，在表示了谢意之后，说自己多喝了两杯"白兰地"，头脑有点发晕，误将食筷插入内衣口袋里，并且聪明地借此"台阶"，说："既然这种食筷不消毒就不好使用，我就'以旧换新'吧！哈哈哈。"说着取出内衣口袋里的食筷恭敬地放回餐桌上，接过服务小姐给他的小匣，不失风度地向付账处走去。如果服务员想让这位外宾"出洋相"真是太容易了，但她没有那样做，而是委婉地暗示对方的错处。外圆内方的人往往都会这样不动声色地让对方摆脱窘境。

（二）增光添彩设台阶

当遇到意外情况使对方陷入尴尬境地时，外圆内方的人在给对方提供"台阶"的同时，往往会采取某些妥善措施，及时给对方的面子上再增添一些光彩，使对方更加感激不尽。

此外，还有顺势而为送台阶法和挥洒感情造台阶法。

顺势而为送台阶法，就是依据当时当场的势态，对对方的尴尬之举加以巧妙解释，使原本只有消极意味的事件转而具有积极的含义。

挥洒感情造台阶法，就是故意以严肃的态度面对对方的尴尬举动，消除其中的可笑意味，缓解对方的紧张心理。

人人都有下不来台的时候。学会给人台阶下，既可以缓解紧张难堪的气氛，使事情得以正常进行，又能够帮助尴尬者挽回面子，增进彼此的关系。要达到这样的目的，我们应系统地学会使用以上技巧。

如何面对冷场

在日常生活和社会交往中，尤其是在比较正式的场合，如聚会、议事等常会出现冷场现象，彼此都尴尬。冷场，在人际关系中，它无疑是一种"冰块"。打破冷场的技巧，就是及时融化妨碍交往的"冰块"。

谈话者之间存在以下几种情况时，最容易因"话不投机"

而出现冷场：

1. 彼此不大相识；

2. 年龄、职业、身份、地位差异大；

3. 心境差异大；

4. 兴趣、爱好差异大；

5. 性格、素质差异大；

6. 平时意见不合，感情不和；

7. 互相之间有利害冲突；

8. 异性相处，尤其单独相处时；

9. 长期不交往而比较疏远；

10. 均为性格内向者。

会话出现冷场，双方都会感到尴尬。但只要会话者掌握住了破"冰"之术，及时根据情境设置话题，冷场是很容易被打破的。

要学会拓展话题的领域

开始第一句话要注意的是使人人都能了解，人人都能发表看法，由此再探出对方的兴趣和爱好，拓展谈话的领域。如果指着一件雕刻说："真像某某的作品！"或是听见歌唱就说："很有孟德尔颂音乐的风味。"除非知道对方是内行，否则不仅不能讨好，而且会在背后挨骂。

如果不知道对方的职业，就不可胡乱问他。因为社会上免不了有人会失业，问他的职业无异于强迫他自认失业，这对自尊心很重的人来说是不太好的。如果你想开拓谈话的领域而希望知道他的职业，只能用试探他的方法："先生常常去游泳吗？"如果他说："不。"你就可以问他是否很忙，"每天上哪儿消遣最多呢？"接下去探出他是否有固定工作。如果他回答"是"，你便可加上一句问他平时什么时候去游泳，从而判断他有无职业。如果他说是星期天或每天下午5时以后去，那无疑是有固定工作。

确定了别人有工作，才可问他的职业，这样就可以谈他的工作范围内的事情。如果不知对方有没有职业，或确知对方为失业者，那么还是谈别的话题为佳。

风趣接话转话题

在谈话中善于抓住对方的话题，机智巧接答，可以使我们的谈话变得风趣，从而使谈话活跃起来。有一个典型的例子：当我们夸奖对方取得的成绩时，总能听到这样的回答：

"一般情况"的说法。倘若我们不接着话茬说下去，就有点赞同对方的"一般情况"说法的意思，达不到接话说的目的。可以这样回答："'一班'情况尚且如此，那'二班'情况就可想而知了。"言外之意是说："你一班的情况才如此的话，我二班的情况就更不值得一提了。"这类搭茬儿，一般是采用谐音、双关的手法，接住对方的话茬，作风趣的转答。

巧妙地接答对方的话茬，可以把原来的话题引向另一个话题，使谈话转变一个角度继续进行下去。

适时地提一些引导性的话题

提出引导性话题，可以给他人留下谈话时间和空间，特别是对于那些不善于当众讲话的人。这些话题可以根据对方的性格特点、兴趣爱好、职业性质等方面来设置。比如："近来工作顺利吧？""听说你最近有件高兴的事，是什么呢？""前一阵我见到你的孩子，学习怎么样？"先用这些听起来使对方温暖的话寒暄一下，便于开展谈话。对于那些在公司上班的人，可以探问其对公司的日常规则的看法，像："你们公司，每周都要举行升旗仪式，之后还要做早操，召开例会，你怎么看待？"引导性话题应该注重可谈性和可公开性。对学文科的不宜谈深奥的理科的问题，反之亦然。不宜在公开场合触及个人隐私，或者是背后议论他人等。

如果引导性话题过于敏感，或者超出了对方的兴趣爱好，或者过于深奥，超出了对方的知识结构等原因，对方也许不愿说，也许真的无话可说。提出这类话题，目的是让对方开口讲话，不能让对方讲，还有什么意义呢？

在提一些引导性话题的时候，也要注意方法和策略，不要让对方感到难以回答。比如："你是不是也觉得你们现在的厂长很能干？"人家要说赞同的话，他自己的确也有保留意见；要说不赞同，而你已经认可了，他总不至于在你的面前进行反对吧，何况是说别人的坏话呢？这样的话题，处理得不好，会让自己失去谈话的亲和力，适得其反。再者也不要问些大而空的问题，让人不知从何说起，最好具体点。

此外，在打破冷场时说话还应该注意下面的内容。

如果是由于自己太清高、架子大，使人敬而远之，而造成双方的沉默，在交谈中应该主动、客气及随和一些。

如果是由于自己太自负，盛气凌人，使对方反感，而造成了沉默，则要注意谦虚，多想想自己的短处，适当褒扬对方的长处。

如果是由于自己口若悬河，讲起话来漫无边际、无休无止，而导致了对方的沉默，则要注意自己讲话适可而止，给对方说话的机会，不要让人觉得你是在作单方面的"教导"。

有时装作不懂事的样子，往往可以听取他人更多的意见，这根源于人们的自炫心理。反之，你表现得太聪明，人家即使要讲也有顾虑，怕比不上你。如果我们用"请教"的语气说话，引起对方的优越感，就会引出滔滔话语。一般人的心理总是喜欢教人，而不喜欢受教于人。

冷场的出现，往往与"话题"有关。"曲高和寡"会导致冷场；"淡而无味"同样会引起冷场。不希望出现冷场的交谈者，应当事先做些准备，使自己有一点"库存话题"，以备不时之需。

如何面对特殊情况

在演讲过程中，经常会遇到一些恶意的或非恶意的打断演讲的突发状况，面对这种状况，我们可以利用言语交际中的"反弹术"来化解。

所谓反弹术，是一种说话技巧，即指对对方提出的问题，由于某种原因，不便、不能或不愿作直接的回答，于是采用以问作答的形式将问题反弹给对方。这种答话技巧其实是将对方的难题再还给对方，使自己由被动变为主动，它常常可以令对方处于尴尬的境地，使对方自作自受，产生"圣人所非与熙也，寡人反取病焉"（《晏子春秋》）的感想。

当别人打探你的隐私时该怎样说

隐私本是一个人内心深处的不愿被别人知道的东西，但是在人际交往中，有些人总是会有意或无意地触及别人的隐私。不管问的人动机如何，一旦被问的人回答不好，很有可能会产生一些不良的后果。那么当你被问及隐私时该怎样回答呢？下面的几种方法不妨一试。

（一）答非所问

菲律宾前总统科拉松阿基诺在出席一次记者招待会时，记者问她有多少件旗袍礼服，科拉松阿基诺不假思索地回答："我所有的旗袍礼服，都是第一流服装设计师奥吉立德罗为我设计的。你知道吗？她经常向我提供最新流行的服装样式。"别人问数量，她却回答是谁设计的，这样回答明显属文不对题，然而，那位记者知趣不再追问了。

（二）似是而非

似是而非的回答往往让那些爱探听隐私的人无功而返，它的奇妙之处就在于听上去你像在回答对方的问题，但其实并不是对方想要的答案。

（三）绕圈子

不给出一个明确的答案，只是原地绕圈，迷惑提问者。例如，听众要是问演讲者"你体重多少"，演讲者可以回答"比去年轻了一点"。也就是回答听众一个暧昧不清的答案。

（四）否定问题

著名影星、孙悟空的扮演者六小龄童在一次记者招待会上，一位记者问他："当初谈恋爱，你和于虹谁追的谁？"六小龄童回答："到底谁追谁，有什么重要？我们都没有想过要'追'对方，因为不是在赛跑，一个在前一个在后，我们是夜色中的两颗星星，彼此对望了几个世纪，向对方眨着眼睛，传递着情意。终于有一天，天旋地转，我们就像磁石的两极碰到一起，吸在一起了。"

六小龄童根本就没有回答对方的问题，而是一开始就否定了对方问题的前提，即认为两人谈恋爱不一定是一方主动追另一方，随后便对两人的爱情作了一个浪漫、精彩的比喻。这样既回答了记者的提问，又没有透露自己的隐私。生活中，有人打听隐私的时候，这不失为一个好办法，从一开始就否定对方的问题，自然也就不用按照他的提问来回答了。

（五）直言相告

有时候，对方打听你的隐私时，你可以开门见山，指出对方问话的不当，直言相告地表达自己的不满。

当别人提出不便当众回答的问题时该怎样说

当众回答某些难以回答的问题确实要顶着巨大的心理压力。因为严词拒绝回答问题将有失风度，但照实回答也是不可以的。面对这种难以选择的境地，可以通过下述方法顺利解决。

（一）反踢皮球，把难题还给对方

有时提问者的问题用一两句话是难以说清楚的。如果顺着这个思路去回答，势必陷入尴尬的境地。这时，可以巧妙地转移话题，把难题转移到对方头上去，使自己占据主动地位。

（二）暂退一步，换位思考

1956 年，在苏联共产党第二十次代表大会上，赫鲁晓夫作了"秘密报告"，揭露、批评了斯大林肃反扩大化等一系列错误，引起苏联及世界各国的强烈反响。大家议论纷纷。

由于赫鲁晓夫曾经是斯大林非常信任和器重的人，很多苏联人都怀有疑问：既然你早就认识到了斯大林的错误，那么你为什么早先没有提过不同意见？你当时干什么去了？你有没有参加这些错误行动？

有一次，在党的代表大会上，赫鲁晓夫再次批判斯大林的错误。这时，有人从听众席递来一张条子，赫鲁晓夫打开一看，上面写着："那时候你在哪里？"

这是一个不便直接回答的尖锐问题，赫鲁晓夫的脸上很难堪。他不想回答但又不能回避这个问题，更无法隐瞒这张条子，这样会使他更丢面子，让人觉得他没有勇气面对现实。他也知道，许多人有着同样的问题。更何况，这会儿台下成千双眼睛已盯着他手里的那张纸，等着他念出来。

赫鲁晓夫沉思了片刻，拿起条子，通过扩音器大声念了一遍条子上的内容。然后望着台下，大声喊道："谁写的这张条子，请你马上从座位上站起来，走上台。"

没有人站起来，所有的人都吓得心怦怦地跳，不知道赫鲁晓夫要干什么。赫鲁晓夫又重复了一遍他的话，请写条子的人站出来。

全场仍死一般的沉寂，大家都等着赫鲁晓夫的爆发。

几分钟过去了，赫鲁晓夫平静地说："好吧，我告诉你，我当时就坐在你现在的那个地方。"

面对当众提出的尖锐问题，赫鲁晓夫不能不讲真话。但是，如果他直接承认"当时我没有胆量批评斯大林"，势必大大伤了自己的面子，也不合一个有权威的领导人的身份。于是赫鲁晓夫巧妙地即席创造出一个场面，借这个众人皆知其含义的场景来婉转、含蓄地隐喻出自己的答案。这种回答既不失自己的威望，也不让听众觉得他在文过饰非。同时赫鲁晓夫营造的这个场景还让所有在场者感到他非常幽默，平易近人。

当不便回答的问题被提出时，往往是双方都觉得对方的言行不合适，这时，如果采取退一步思考问题的策略，把角色"互换"一下，就能够很顺利地继续交谈下去。

面对无理要求时如何说

面对无理要求时，盲目答应当然不行，但是一概地严厉拒绝也非最佳解决问题之道。下面的两种解决方式可以使你既能拒绝对方，又能不惹恼他，是处理这种难题的首选。

（一）略地攻心，让对方主动放弃

对于比较感性的提问者，用理性的分析难以打消他们提问的热情时可以用攻心的策略，先用一句恭维的话，从感情上让他产生共鸣，以达到拒人于无形之中。

（二）用"类比"反驳对方

有时听众提出的问题可能合情理但是演讲者没有办法解释，在这种情况下，可以寻找相似的例子，通过相似的例子的解决方法来说服听众。

面对过分的玩笑你该如何应对

玩笑开得过分了时，气氛往往会变得比较尴尬或紧张，在这种情况下，很多人还是希望能保持住自己说话的风度。那么，该如何应对这种过分的玩笑呢？你可以选择下面的方法作为参考，以便顺利走出困局。

（一）借题发挥

当有人对你开的玩笑带有一定的侮辱性质，而开玩笑的人又不是恶意刁难你的时候，如果你能顺着对方的话，再借题发挥一番，反而把他的话变成你用来夸奖自己的话，可谓一种最机智的选择。这样既能避免自己的难堪，又不至于把关系弄僵。

（二）诱敌上钩

当有人纯属恶意地开你的玩笑时，你当然需要毫不客气地回敬，诱敌上钩就是其中的一种技巧。你要不紧不慢地诱惑对方进入你语言的圈套，在适当的时候，就反戈一击，让对方自取其辱。

（三）反唇相讥

生活中一些尴尬的局面，完全是由于别人不敬的玩笑引起，如果你隐忍退让，只会被人看扁；如果针锋相对，又会把事情搞僵。这时不妨采用反唇相讥的办法，把对方开自己玩笑的话返回到他自己身上去，从而为自己争取主动。

第一章　欢迎会、欢送会

神来之言添亮点

很多公司会举办欢迎会来庆祝新员工的入职，这时候公司领导者在欢迎会上发表讲话是必不可少的，如果公司老总拿着现成的稿子照本宣科，难免让新员工觉得这种欢迎只是一种形式，即使讲话者真的对新员工的到来感到高兴，念稿子的方法也很难让他们感受到欢迎的真诚。所以，这时候最好的选择就是脱稿讲话，这样既能表达自己的诚意，同时又能在新员工面前展现自己的好口才。

此外，采用脱稿讲话最重要的是内容新颖，能够出奇制胜，讲话者能把平时枯燥的内容用另一种方式呈现出来，为发言增添亮点，能够在很大程度上调动听众的兴趣。以下范例是某领导在新员工的欢迎会上发表的讲话，其中的神来之言，可以让脱稿讲话收到更好的效果。

大家好！有你们加盟，我感到万分高兴，你们的加盟为公司注入新的血液，添加新的希望。在这里，我代表全公司对在座的各位表示热烈的欢迎！

公司于2011年2月25日注册成立，项目地址在××市，由A有限公司、B股份有限公司、C（集团）有限责任公司共同出资组建，注册资本金54亿元人民币，三方股东出资比例分别为A有限公司出资50%，B股份有限公司出资25%，C（集团）有限责任公司出资25%。公司下属两个项目，一个是Y合作示范项目，另一个是配套的Z煤矿项目。公司于2011年×月×日举行了Y项目和Z项目开工进点仪式，目前，各项筹建工作正在紧锣密鼓进行中。

在此，我献给大家三个词：敬业，勤奋，脚踏实地。敬业是所有员工的第一美德，也应该是我们的聪明的生存之道。

敬业表面上看好像是为公司，其实终身受益的却是你自己。每个人都有工作的能力，但是，只有敬业的工作态度，才能让一个人具有最佳的精神状态，才能够将自己的工作能力发挥到极致。勤奋是我们永远不过时的敬业精神。一个人的成功外部因素是重要的，但更为重要的是自己的勤奋、努力以及脚踏实地工作，从小事做起，细节成就完美。

对于公司的制度，我不想多说什么，给大家讲一个故事吧：有一天，一只小小的跳蚤在一个人身上跳上跳下，不断地叮咬他，弄得他极其难受。他一把抓住跳蚤，问它："你是谁？怎么在我身上四处叮咬，使我全身瘙痒？"跳蚤说："请饶恕我，千万别捏死我！我们一直就是这样生活的，虽然不断地骚扰人们，但决不会去干更大的坏事。"那人笑着说："罪恶不论大小，只要祸及别人，就决不能留情，所以一定要捏死你。"好了，故事讲完了，希望我们每一个人都不要成为故事里的跳蚤。

公司的进步取决于每一名员工的能力和业绩，要学会正确的思考方法和工作方法。公司会提供给你们一些学习的机会，但是自我的培养更加重要，要有意识地培养自己，适应公司发展的需要。不要光指望他人，自己要多请教，放下架子，努力使自己的兴趣和工作结合起来，快乐地工作，体会到工作的喜悦和满足，这样你的职业生涯才会是丰富多彩的。我相信，大家能够与公司共同成长。

您有幸进入了公司。我们也有幸获得了与您的合作。我们将在共同信任和相互理解的基础上，度过您在公司的岁月。这种理解和信任是我们愉快奋斗的桥梁和纽带。事实将证明，你们来到这里是你们正确的选择，鼓起你们的勇气，拿出你们的激情，我们一同努力。努力是主动的，努力是追求，努力是智慧，努力更是忠诚，努力意味着辛苦，努力意味着付出，努力的过程肯定是酸甜苦辣的，而努力的结果注定是丰收和喜悦的。祝愿你们收获事业、收获成功！

范例中，领导在讲解公司制度的时候，并没有采用逐条列举的枯燥方式，而是用故事给新员工敲响了警钟，如此的"神来之言"，就为发言增添了许多色彩，把原来枯燥呆板的事情讲得生动有趣，这样不仅能够吸引更多的听众，还能让员工清楚地认识到公司制度不能违反。这样的讲话技巧值得我们学习和借鉴。

在职场上，为了让脱稿讲话精彩绝伦，我们需要怎样构思思路或者框架，让自己的讲话出奇制胜呢？以在新员工的欢迎会上讲话为例进行分析：

第一部分：开头要点题——欢迎新员工入职，号召全场的人对新员工表示热烈的欢迎。

在这一部分，主要应表达出欢迎之情，比如说就着现场的情况可以这样说："……我代表全公司对于新员工的到来表示热烈的欢迎！（掌声）掌声再一次证明了大家的欢迎有多么热烈。"采用这样类似的方式，自然会调动现场的热情，活跃现场的气氛。

第二部分：介绍公司的规模及未来的发展方向。新员工刚来肯定不是很了解公司，这就需要领导者大致介绍一下公司的状况，让他们对未来的就职环境有一定的认识。在这部分，需要把原本的事实和情况清楚地讲明白。

第三部分：介绍公司的基本制度。一般这部分讲起来会比较枯燥，不妨换一种方式说，也许就会产生不一样的效果。比如说，你可以像范例一样，采用一个故事，使听众由此产生类比联想，阐述的道理就会更集中鲜明，也使演讲显得更富有文化底蕴，让听众对此产生兴趣，因而也就会提升他们对讲话内容的认可。

此外，除了上述方法，你还可以用悬念切入。设置悬念能抓住听众的注意力，调动听众的情绪。

最后部分：表示感谢和祝福的话语。对新员工提出希望和祝福，促使他们在今后更加地努力工作，争取早日成功，成为公司的骨干力量。

被欢迎避免说空话

欢迎会是在工作、生活中经常遇到的礼仪场合之一，而作为被欢迎者发言时应该说些什么，怎么说呢？通常对于大家的欢迎表示感谢是不可少的，但是如果一直感谢来感谢去说一些空话套话，也不会显得多有诚意，脱稿讲话最大的特点就是真实，结合自身经历表达出的情感才是最真实的。下面用一篇范例说明：

各位领导、各位同事：

大家上午好！

我先自我介绍一下，我是吉林人，长春工业大学应届毕业生，学机械设计的，带着梦想千里迢迢来到公司。现在我最想说的话就是十几年学习生涯结束了，我的身份也彻底发生了改变，由学生转变为员工，这一转变意味颇多，心情也是很激动。激动的同时，我也很感激，感激领导发现并肯定我们的价值，感激领导在百忙中抽出宝贵时间为我们举行这样的仪式，更感激公司在近些年就业情况如此紧张的形势下，给我们这样一个宝贵的工作机会。所以，在此，请允许我代表 2009 年新入职的员工对公司表示由衷的感谢！

激动和感激之余，感受最多的还是紧张，因为我们要担负起更多的责任，在企业的发展中发挥自己的作用。虽说我们读完大学，掌握了一定的知识，但对于我们这些刚迈出校门踏进社会的年轻人而言，如何尽快褪掉学生时代身上的散漫天真，尽快融入全新的工作环境中，如何将在学校所学知识更好地应用到工作实践中，如何向厂里的老师傅学习，如何将自己个人的发展与企业的发展相统一，这些都是需要思考解决的问题。公司这个大家庭，这个将播撒我们青春年华的地方，正在热火朝天地生产中。我看到了我们公司事业的庞大。为此，我感到自豪和信心十足。公司给我们搭建了一个优越的平台，作为新员工，我们愿意接受时代的挑战，更满怀信心，脚踏实地地工作，不断地尝试、探索和创新，在工作中学习，在学习中进步、前行！

正所谓"进取无止境"，公司给了我们空间，给了我们舞台，公司的前辈们为我们搭好了梯子，铺好了路，我们应当趁着这大好时机赶快行动，把自己的利益和公司的利益统一起来，和各位同事一道人人努力，天天努力，人人学习，天天学习，为了我们共同的目标而奋斗。

在培训室的墙上写着这样的一句话：人的一生可能燃烧也可能腐朽。我不能腐朽，我愿意燃烧，为祖国的富强，为人民的安康，为国防航空事业，让我们一起燃烧！

谢谢大家！

范例中，讲话者根据实际情况来发表自己的感想，使在场的每一位听众都感受到讲话者的真诚。讲话者没有说过多感谢之类的套话和空话，自然更能获得在场每一位听众的认可。因此，这样的讲话方式值得我们学习和借鉴。

在类似的欢迎会上，我们需要采取怎样的思路让自己讲出的话不空泛呢？以下的思路仅供参考和借鉴。

首先，发言者在开头的时候要作出感谢。对于感谢，你不要空洞地泛泛地说，而是应该具体到某一个人，因为什么事情，你要感谢他，这样有事实依据，才能让听众感到你的诚意。比如在欢迎会上，你可以这样说："我要感谢为这次欢迎会辛苦忙碌的××……"具体到某一个人身上，说出来的话就不显得空洞了。

其次，可以借着现场的情况，说一下自己的感受，并且要依据现场的情况来定，不能胡说和乱说。你要善于用耳、眼、身观察和感受现场，抓住现场的具象来表达含义。

比如说，你可以借助场上的酒来引起话题，这也是言之有物，而且有心意。因为有实物更能表达人们的心意。

最后还是要对现场表示感谢。你要感谢能来参加这次欢迎会的每一个人，谢谢他们能来参加欢迎会。

作为被送人，最重要的是感谢

假如你在一家单位工作了五年，即将调离本岗位奔赴新岗位，单位又特地为你组织了欢送会，领导发言之后，特意邀你说几句，此时你作为被送人，首先要讲的是表达感谢之意。而怎样把感谢表达得真诚而到位是讲话的重点，这时候采用以下范例中的形式，用几句话来表达感谢是个不错的选择，每一句有个特定的中心，连起来又全是感谢之意，最重要的是，简单的几句话就可以说清楚，甚至都不需要写讲稿，即兴就可以说。

各位领导、各位同事：

根据组织的安排，我即将奔赴新的工作岗位了，此时此刻，千言万语不知从何说起，或者以下几句话最能表达我现在的心声。

第一句话是怀念。怀念与各位领导、各位同事一起工作、生活和学习的 1400 多个日子！怀念为完成某一项工作而一起挑灯夜战的感动！怀念克服重重困难而完成任务后的那一份喜悦！怀念址山的一草一木，怀念热情而纯朴的址山人民！

第二句话是感谢。感谢各位领导一直以来对我的关心和帮助！感谢各位同事由始至终对我工作的大力支持和积极配合！记得当初刚来的时候，面对的困难和面临的机遇都要大得多，我正担心工作不知从何开始的时候，大家的热情帮助和默契配合，使我迅速适应新的岗位和工作！借此机会，让我再一次衷心地向大家讲句：多谢！

第三句是祝愿。祝愿址山再创辉煌！由于历史原因，目前址山面临许多的困难和压力，但我相信，有市委、市政府的大力支持和正确领导，在书记和镇长的带领下，址山人民团结一致，同心协力，明天一定会美好！址山将会更加"和谐、稳定、至善、日新"！各位同事的收入将会好似芝麻开花一样——节节高！

第四句话是希望。希望大家继续保持联系，多些沟通！书记在大会上讲过：凡在址山工作过的都是新时代人！我也不例外，在我的心目中，址山早已是我的第二故乡！希望以后大家有时间多来探探我，大家共聚乡情！我也希望日后自己能够为 ×× 的发展再尽一份绵薄之力！多谢大家！祝大家心想事成，家庭幸福！

在欢送会上，作为被送者，此类发言，重点是表达感谢之意，既要让听众感受到你的真情实意，又要给这些曾经的同事留下最后的好印象。那么一旦遇到这种情况，需要脱稿发言时，我们应该从哪几个方面来表现这种感谢呢？

首先，先谈离别心情。讲话者应该对于即将离开表示非常遗憾以及十分不舍。让听众感受到你对以前的岗位是非常有感情的。

其次，再表感谢之意。你要感谢这么长时间一直支持你的朋友、你的领导和同事，还要特别感谢为你准备和筹办这次欢送会的每一个人，感谢他们对你的厚爱。你还可以回忆过去，讲述和同事们一起奋斗、生活的日子，这样才能与听众产生共鸣，得到他们的支持。

最后，对你和其他同事的未来展开设想并表示祝福，再次感谢。感谢到场的每一个人，对他们表示最诚挚的祝福。可以说希望他们以后的生活快快乐乐，工作顺顺利利之类的祝福话。

第二章　开幕式、闭幕式

由天气引出话题，自然亲切

一般来说，脱稿讲话除了能体现出高超的口才技巧之外，还能显得亲切自然，尤其是在一些相对较小的活动上，比如，学校组织的开学毕业典礼、田径运动会，单位组织的运动会等，用脱稿讲话的形式，更容易得到听众的支持。如果是在一场春季运动会上，需要校领导开场致辞，怎样说才能自然呢？这时不妨利用当时的天气情况，借由天气进而转向主题，因为运动会的进行肯定与天气的好坏有着直接关系，这样过渡能显得自然流畅，也能让听众产生共鸣。尤其在脱稿讲话中，像下面这篇讲稿，先谈天气，再谈主题，就地取材，临时发挥，体现出讲话人的好口才。

各位领导、各位老师、各位同学们：

在这生机盎然、朝气勃发的春天，我们全校师生共同沐浴在春天的阳光下，迎着和谐的春风，我们在此举行"第一中学第七届春季田径运动会"，举办运动会的目的是全面落实党的教育方针，发展体育运动精神，为同学们提供一个锻炼身体，提升素质的舞台。本届运动会是校园文化的重要组成部分，是第一中学学子精神面貌的一个盛会。为此，我代表学校对大会的胜利召开表示热烈的祝贺，对为了筹办好本次运动会而精心策划、忘我工作、细心组织的组委会和筹备组工作人员表示感谢，对那群生龙活虎、力争上游而刻苦训练的全体运动员，道一声："你们辛苦了！"

体育既能强身健体又能陶冶情操，还能提高思维、充实精神、增强团结；体育还是增强国民体质、提高民族素质的重要手段；体育工作更是社会主义精神文明建设的一个重要内容，是社会主义四有人才培养的重要一环，也是学校精神文明建设和本科教育改革与发展的重要组成部分。本次运动会共设个人比赛项目 58 项，集体比赛项目 11 项，整个赛程计划用一天半时间完成。广大学生积极响应，踊跃参加，共有 676 名学生报名参加了各项比赛，其热情之高、范围之广、积极性之大，超过历届运动会。

老师们、同学们，本届田径运动会是对我们学生运动水平的一次大检阅，也是充分展示我们学校体育工作水平和精神风貌的一次很好的机会。因此，希望全体运动员发扬奥林匹克精神，发扬顽强拼搏精神，超越自我，赛出风格，赛出水平；希望全体裁判员、工作人员坚守岗位，公正裁决，确保运动会顺利进行。

预祝大会圆满成功！谢谢大家！

从范例中可知，在运动会开幕式上，借由天气引出的话题比较自然。但有人会问，好天气当然可以轻松地转向主题，要是遇上坏天气该怎么办？难道这种方法就没有效了吗？其实不然，坏天气也同样可以说。比如你就可以这样说："今天虽然阴云笼罩，但我们运动会上的热情足以将阴云驱散……"再比如，遇上下雨的天气，你可以参考这样说："今天下着小雨，看起来老天好像不太照顾我们，其实我倒觉得这是让我们提前感受一下什么是挥汗如雨，在接下来的比赛中，大家就可以省着点汗水啦……"所以，不管是好天气还是坏天气，只要你有足够的智慧，稍微转换一下，当时的天气就会为你所用，成为引出主题的开场白。

感谢点题，简洁明了

假如你参加的会议或活动不是露天举行的，当然就不适合用天气作为话题引入了，这时候又该怎么办呢？最简单的办法就是用感谢直接点题，简洁明了不啰唆，尤其是对于不擅长脱稿讲话的人，这种方法可以缩短发言时间。下面这个范例虽然篇幅短小，但是开篇用感谢点题，整篇讲话的目的就表示清楚了，然后简单介绍一下这次活动内容，最后表示祝愿，一场完整的讲话就成功了。

尊敬的各位领导、各位来宾，女士们、先生们：

大家好！

百花齐放、香草芬芳，今天，花都区第三届香草文化节隆重开幕了。在此，受花都区长的委托，我谨代表花都区人民政府，向出席今天开幕式的各位领导和来宾表示热烈的欢迎！向一直关心、支持我区旅游业发展的领导和社会各界朋友表示衷心的感谢！

花都风景秀丽、人杰地灵。近年来，我区在大力发展汽车、空港、皮具、珠宝、声光电等支柱产业的同时，加快整合生态、文化资源，通过香草文化节、枇杷节、芋头节、油菜花节等乡村游品牌节庆活动，发展生态、休闲、观光、度假等绿色旅游文化产业，努力促进农村经济健康快速发展。

花都香草文化节自 2009 年首次举办以来，全力打造最具特色的观光花海、花卉大餐，努力营造返璞归真的田园自然风光，满足广大游客体验乡村生活，享受乡村气息的需求，得到了社会各界的广泛赞誉。本届香草文化节以"香草童话、韵味花山"为主题，精心塑造如童话般浪漫的香草世界，充分展示花都最早的县城所在地——花山镇的乡村历史文化。节庆期间还将举办异地务工青年"相约香草，结缘花都"专题活动，使他们充分感受花都的自然风光和人文关怀之美，增强对花都的认同感和归属感，更好地融入花都。

乡村生态旅游产业是 21 世纪的"朝阳"产业、"黄金"产业，更是富民产业，衷心希望各部门通过香草文化节这个平台，进一步挖掘我区特色丰富的旅游资源，变资源优势为经济优势；也诚挚希望各级各部门的领导及社会各界朋友一如既往地关注花都、支持花都发展，共创美好未来。

最后，预祝第四届香草文化节取得圆满成功！祝愿各位领导、各位来宾身体健康、家庭幸福！

谢谢大家！

此范例最主要的特点就是在开头的时候直接点题，表示感谢，用简短的语言来表示感谢之意。这样的讲法让每一位听众能清楚明了地知道你在讲什么，自然能获得听众的赞赏。要知道，没有一位听众喜欢发言者在那里长篇大论，开幕式的场合又不是什么学术会议，不需要讲得多么深刻，只要我们把主要的意思表达出来即可。

所以，我们在开幕式脱稿讲话的时候，也需要借鉴这种方式，用简要的语言表达主题和感激之情，只有这样，我们才能赢得更多听众的掌声。

具体来讲，我们如何简洁明了地表达出感谢的主题，怎样去构建思路呢？

首先，点题感谢表示欢迎。讲话者谈及感谢的时候，要挑重点说，选择重要的对象。在开幕式上什么都说，什么都感谢，会让听众的思维混乱，让他们认为你是在敷衍了事。

所以，感谢时一定要依据不同人物的状况进行感谢，简明扼要地阐述即可。

其次，介绍会议的大致情况。讲话者需要把参加会议的人数以及状况，作个简要的表述，不需要逐个进行介绍，也不需要对他们的到来一一进行感谢。你可以按照方阵、队名进行简单的介绍。

最后，提出希望，预祝成功。在提出希望和祝福的时候，只需要一两句话表达即可，不需要你作长篇大论的赘述。

简要总结，要求表态

闭幕式分很多种，有些是在正式的场合，也有一些非正式的场合。不同的场合依据情况而定也会有不同的说法，需要讲话者依照实际情况而定。如果是在一些不是特别正式的重要场合，闭幕式可以说得简单一些，参照简要总结加要求表态的方式发言，对于脱稿讲话来说也相对降低了难度，不需要长篇大论就能把讲话说得清楚明白。下面的范例是某校读书活动的闭幕式讲话，讲话人简要总结了一下读书带给自己的乐趣，将读书的意义充分表达出来，但给人留下了深刻的印象。

尊敬的各位领导、老师，亲爱的同学们：

大家好！

今天是喜庆丰收的日子，我们为期 3 个月的读书活动节闭幕了。在此，我代表学校对本次活动的圆满成功表示热烈的祝贺。

书是人类进步的阶梯。为了让我们在书海中遨游，我校举办了读书节。通过这个读书节，让更多的同学与书结成了好朋友。

书是五彩生活的万花筒，书是大千世界的缩影。读一本好书，就像交了一个好朋友，书既像一位充满智慧的老人，不断启迪我们；又像是一位真诚的朋友，跟我们面对面地交流——小说教给我们做人的道理；诗歌唤起我们对美好生活的追求；童话让我们明辨美丑真假……

自从我校开展读书活动以来，我校全体师生都投入到读书的热潮当中，并开展了红领巾书市漂流、手抄报、古诗文考级、书法展示、读书墙展示等一系列比赛。一张张美报、一本本好书、一篇篇俊字，让同学们如沐春风。

书给我们带来了无穷的乐趣，让我们获益匪浅。正如一首诗所说："书是一扇沉重的门，它垂青于每一个敲门者。它敞开的门扉里，是一口淘不完的井，是一座掘不尽的矿，是一片看不够的景，是一腔抒不倦的情。"《孙子兵法》让我们走进了春秋时期，听孙武讲述深奥莫测的兵法；《西游记》让我们面对疾恶如仇的孙悟空，和他一起战胜一个个妖魔鬼怪；《我要做好孩子》让我们结识了机敏、善良的金铃，听她讲述自己成长历程中的故事！

更可贵的是，我们在读书的同时还学会了读书的方法。活动期间老师给了我们很多这方面的指导，让我们懂得了应该多读一些文学作品，特别是那些已有定评的古今中外名著；多读一些名人传记，聆听领袖人物、爱国先贤和科学家的教诲，接受他们的思想；多读一些科普类的书，让这类书籍启迪我们的智慧，帮助我们插上幻想的翅膀，去探索大自然的奥秘……

同学们，让我们做一个勤奋的读书人！让我们做一个快乐的读书人！让读书成为每一位同学的习惯，用我们的琅琅书声装点校园，让我们的校园处处飘溢着书香，让书香在每一位同学的心中荡漾！

谢谢大家！

此范例中，讲话者在闭幕式上作了简要的总结，把活动的情况、结果以及造成的影响和意义都作了简单的说明，讲话的内容不掺杂废话和空话，自然能打动听众的内心。所以，在闭幕式上脱稿讲话的时候，不妨借鉴这样的方法，我们讲得简洁省力，听众听得清楚明白。

第三章　颁奖仪式

首尾呼应，中间肯定

假如你参加某次颁奖典礼，其间作为颁奖嘉宾发表讲话，这时应该说些什么呢？在这里为大家提供一种参考思路——首尾呼应，中间肯定。这种框架可以使主题明确突出，让听众容易理解接受。对脱稿讲话来说，以这个思路写出来的讲稿也比较容易记忆，或者只需要列一个提纲，写几个关键词，就可以完成一次讲话。下面的范例就是通过首尾祝贺、中间肯定的思路组织的讲话内容，尤其是中间赞扬的部分如果用于脱稿中，更显真诚，也更容易令人信服。

各位领导、老师、同学们：

大家晚上好！

又是草木丰盈的季节，在今天这个美好的日子里，我们欢聚一堂，共同庆祝"工程烛光，毕业生心目中的好老师"颁奖典礼的隆重举行。在此，我谨代表学校对与会的所有老师、同学们表示热烈的欢迎，对你们长期以来对教学工作的关心与支持表示衷心的感谢！

十年树木，百年树人。教育是一个造福于千秋万代的事业，而从事着这项事业的教师也便显得无比崇高与神圣。美国作家梅尔维尔在名著《白鲸》中有这样一句话：讲台从来就居于人间之首，其余的一切都尾随其后。的确如此，社会的发展、人类的进步都离不开教育，因而，教育事业在漫长的发展历程中总是追寻更好、更有效的传业授道方式，如何提高教学质量便成了各大学校的工作重点。为此我院也为相关工作做出了许多努力。

为了增强师生沟通，提高教师教学积极性和同学的学习热情，及将我院"尊师重教"的优良传统发扬光大，我们借助于大学生评教委员会这个平台，本着"我手写我心，我心选我爱"的原则，举办了这次评选活动，借以表彰深受广大毕业生欢迎的部分老师。

从紧张有序的宣传，到走访毕业生寝室，到动员大会召开，到设立公投点投票，一直到最后的筹备采访，历时两个多月，大学生评教委员会圆满完成了首届"工程烛光，毕业生心目中的好老师"评选活动，遴选出了十位最受毕业生欢迎的老师和两位特别奖老师。在这里，我向第六届大学生评教委员会全体委员表示衷心的感谢！

感谢你们为我院教学发展付出的辛勤劳动，并向受表彰的老师们表示热烈的祝贺与真挚的谢意。希望你们继续努力，带动全院老师为我院的教学工作做出更大的贡献。同时，我也相信，乘着这次颁奖晚会的东风，我院必定会涌现出更多的"十佳"典范。我希望在我院全体师生的共同努力下，我院的教风、学风建设可以更上一层楼！

最后，预祝此次颁奖典礼取得圆满成功。祝老师们工作顺利，同学们学业有成，身体健康，万事如意！

谢谢大家！

此范例的思路大致可以总结为三段式：祝贺、感谢—肯定、意义—希望、祝贺。

可以看出这就形成了首尾呼应、中间肯定的模式。在开头的时候，对获奖者表示祝贺，在结尾的时候，又再次对获奖者表示热烈的祝贺，不仅赢得了更多听众的好感，也有利于增强现场感，提升现场的气氛。所以，在颁奖仪式上，作为受邀嘉宾发表讲话时，也可以参考这样的讲话思路，避免在不知所措的时候发蒙。

结合自身表情达意

在颁奖仪式上，一般获奖者要发表获奖感言，不仅需要脱稿，有时还需要即兴发挥。在这样的情况下，许多人往往因为太激动和紧张，脑中就会出现空白，不知道自己应该说什么，只是在那里一直感谢这个、感谢那个，讲话的内容既不生动也没有意义。所以，为了避免上述情况的发生，我们就需要结合自身实际，讲述一些能够表达内心真实感受的话语，这样不仅能得到观众的认可，同时也能展现自己良好的口才能力。马季先生在中国曲协举办的终身成就奖颁奖典礼上发表的获奖感言就充分证明了这一点，结合自身经历来表达对于本次获奖的感受，真实生动，容易感染听众，这也是脱稿讲话的独特魅力。

各位领导、各位嘉宾：

大家好！

人活七十古来稀，我没想到七十之后我还有这样的机会，能在这里接受大家的祝贺，接受对我的鼓励。我要感谢国家，感谢曲协给我的荣誉。

其实说老实话，我除了在年龄上具备这次评比条件之外，其他条件相去甚远。我比起前辈差得很多，大家都知道相声有近二百年的历史，有近十代人，我是第七代。我前边六代前辈过着清贫的生活，他们没有接受过大奖，没有接受过这种鼓励，他们没有鲜花簇拥着，没有掌声鼓励着，但他们情愿把一生的精力都投入地头上、茶馆里和小剧场上，因此没有他们，就没有相声的今天。

我愿意在这里表示，愿把我有限的生命和我们的同仁们，携起手来，为相声的尊严，为相声曾经有过的辉煌，为相声的美好的明天站好最后一班岗。吃了一辈子相声饭，享受了一辈子相声之乐。因为我愿用一颗纯洁的相声之心来维护相声之业。不管外界任何刺激，我永远做一个相声人。

在马季先生的发言中，他结合自身的实际来表达对相声的热爱之情。比如："人活七十古来稀，我没想到七十之后我还有这样的机会，能在这里接受大家的祝贺，接受对我的鼓励。"用年龄作为开场话题，非常明确地表达出自己的感激之情。所以，在颁奖典礼上，我们要是作为获奖者，也要像马季先生学习，多结合自身的实际说一些打动人心的话，只有这样，才能获得更多听众的赞赏和掌声。

在正式的颁奖仪式上，我们应当构建怎样的思路呢？当然每个人都有不同的方法，以下只是其中的一种，仅供参考。

首先，在开头的部分要提出感谢。获奖者要感谢主办方，感谢和你共事的同事们和朋友们。表达出如果没有他们的帮助，你也不会有今天的奖励。

其次，结合自身实际表达情感。讲话者一定要结合自身讲述自己的情况，注意，说话的时候，态度一定要谦卑，不要让听众觉得你傲慢无礼而产生厌恶的心理。要用合适的语气，恰当的方式表述出来，让听众能感受到你的真实感受，你的讲话也就成功了一半。

最后，下定决心。讲话在结尾的时候，要谦卑地表示不会因为现在的奖励而心生浮躁之心，反而以此为动力，更加努力、奋进。

谦虚表达内心情感

在颁奖仪式上，获奖者的讲话对于个人形象的维护至关重要。所以，在脱稿的时候，要谦虚地表达内心的想法，不要因为得了奖就高傲不已，目中无人，而应该让他们通过讲话感受到你的不骄不躁、谦逊踏实的品质。这样的表现会为你的得奖锦上添花，赢得更多人的肯定。美国小说家福克纳就很好地做到了这一点，在 1949 年诺贝尔奖颁奖典礼上，作为诺贝尔文学奖的获得者，福克纳作了一次谦逊真诚的讲话。

我感到这份奖赏不是授予我个人而是授予我的工作的——授予我一生从事关于人类精神的呕心沥血的工作。我从事这项工作，不是为名，更不是为利，而是为了从人的精神原料中创造出一些从前不曾有过的东西。因此，这份奖金只不过是托我保管而已。作出符合这份奖赏的原意与目的，与其奖金部分有相等价值的献词并不难，但我还愿意利用这个时刻，利用这个举世瞩目的讲坛，向那些可能听到我说笑话并已献身于同一艰苦劳动的男女青年致敬。他们中肯定有人有一天也会站到我现在站着的地方来的。

我们今天的悲剧是人们普遍存在的一种生理上的恐惧，这种恐惧存在已久，以致我们已经习惯了。现在不存在精神上的问题，唯一的问题是：我什么时候会被炸得粉身碎骨？正因如此，今天从事写作的男女青年已经忘记了人类内心的冲突。然而，只有接触到这种内心冲突才能产生出好作品，因为这是唯一值得写、值得呕心沥血地去写的题材。

他一定要重新认识这些问题。他必须使自己明白世间最可鄙的事情莫过于恐惧。他必须使自己永远忘却恐惧，在他的工作室里除了心底古老的真理之外，不允许任何别的东西有容身之地。没有这古老的普遍真理，任何小说都只能是昙花一现，不会成功；这些真理就是爱情、荣誉、怜悯、自尊、同情与牺牲等感情。若是他做不到这样，他的气力终归白费。他不是写爱情而是写情欲，他写的失败是没有人失去可贵的东西的失败，他写的胜利是没有希望甚至没有怜悯或同情的胜利。他不是为遍地白骨而悲伤，所以留不下深刻的痕迹。他不是在写心灵而是在写器官。

在他重新懂得这些之前，他写作时，就犹如站在处于世界末日的人类中去观察末日的来临。我不接受人类末日的说法。因人能传宗接代而说人是不朽的，这很容易。说即使最后一次钟声已经消失，消失在再也没有潮水冲刷的映在落日余晖里的海上最后一块无用礁石之旁时，还会有一个声音，人类微弱的、不断的说话声。这也很容易。但是我不能接受这种说法。我相信人类不仅能传宗接代，而且能战胜一切而永存。人之不朽不是因为在动物中唯独他永远能发言，而是因为他有灵魂、有同情心、有牺牲和忍耐精神。诗人和作家的责任就是把这些写出来。诗人和作家的特殊光荣就是去鼓舞人的斗志，使人记住过去曾经有过的光荣——人类曾有过的勇气、荣誉、希望、自尊、同情、怜悯与牺牲精神——以达到不朽。诗人的声音不应只是人类的记录，而应是使人类永存并得到胜利的支柱和栋梁。

范例中，福克纳把自己的姿态放得很低，没有因为个人的得奖而狂妄不已，反而虚心地结合内心的情感表达一些亲切的话语，比如说："我感到这份奖赏不是授予我个人而是授予我的工作的——授予我一生从事关于人类精神的呕心沥血的工作。"将个人的荣誉归于一生的事业，间接表明了他以后继续从事文学创作的决心和态度，也让听众感受到他对文学的热爱。

第四章　主持会议

牵线搭桥，巧妙连接

主持一个会议，一般都要在中间牵线搭桥、过渡照应，把整个会议连缀成一个有机的整体。这个连接过程也是主持者发挥其机智和口才的过程，它将显示组织能力和概括能力。

在脱稿讲话中，主持会议的发言者所用的连接语不外乎承上启下：肯定前面的，画龙点睛；呼出后面的，渲染蓄势。但在会议主持中，用还是不用，话长还是话短，应看具体情况。若需用连接语，既可顺带，也可反推；可以借言，也可直说；可以设疑，也可问答。总之，不要弄成"主持八股"，应以别开生面、恰到好处为原则。我们以李开复主持的互联网技术大会为例，来看一下如何在脱稿讲话中牵线搭桥、巧妙连接：

中国网友、朋友们：

大家新年好！

非常感谢大家在新年里就来参加今天这个由中国互联网协会和 Google 合办的互联网技术大会，希望在这次大会中你们能够看到很多新的知识和思想的碰撞，学习到新的技术和新的想法。记得在 8 年前我就在这个讲台上推出了"21世纪的计算"这个会议，到今天还是非常成功地，但是回顾一下这 8 年发生了很多的事情，8 年前 Google 还在一个车库里，8 年前中国互联网协会还没有成立，8 年前我们还在讨论计算，没有想到今天互联网的重要性，在 8 年前我们不可能想到在今天中国即将有世界最多的互联网的网民，当时更多的是希望引进国外最先进的技术和思想，而今天我们看到中国和国外的专家交流，国外的专家来到中国更多的是他们发问，他们希望理解中国互联网如何发展，中国互联网走上了国际舞台，这是我们希望看到的。

今天这次大会我们主要的目的就是交流技术，并且带来世界最顶尖、最新的国内外技术专家，在演讲人方面我们看到有很多学术界的科学家，也可以看到很多互联网行业的实践家，他们的共同点就是他们都是这方面的技术专家。Google 期待着每一年都能够在春季和中国互联网协会继续合作，办这种大会。希望明年我们会把邀请函再发给在座的每一位。

今天请到的专家有，首先被誉为互联网之父的 VintCerf，他昨天刚刚获得了清华大学名誉教授的荣誉，中国工程院副院长、中国光纤传送网和信息网专家邬贺铨博士，还有 Ask.com 的首席科学家和高级副总裁 TaoYang 博士，还有 Mazilla 公司首席执行官 Mitchell Baker 女士，还有清华大学吴建平教授，中国移动研究院院长 BillHuang，Google 以色列研发中心的负责人 Yossi Matias，Google 中国台湾研发中心的工程总监简立峰博士，Google 工程经理 GregStein，核心 JAVA 类库架构师 JoshuaBloch，AJAX 创建者、产品体验公司 Adaptivepath 的共同创建者兼总裁 Jesse James Garrett，希望他们能够分享他们的想法，谢谢大家。

……

下面想介绍一位中国互联网非常著名的学者和领头人，现任中国互联网协会理事长，是中国工程院院士，曾任中国科学院副院长，也是我国的模式识别与人工智能领域最早的探索者之一，他领导成立了在模式识别领域的第一个国家政府实验室，让我们欢迎中国互联网的大家长、中国互联网协会胡启恒理事长。

此种场合主持会议的人是作为嘉宾主持，其发言的目的是告诉听众来听什么，为什么听，主讲人都有哪些人，在讲话的时候，需要注意什么……作为主持人就是做好牵线搭桥，巧妙地连接现场，承上启下，穿插衔接性的发言，让整个会议自然而流畅地进行。所以，我们在主持会议的时候，也要做好上下的衔接，巧妙地使会议有序地进行。

结束语宜少不宜多

会议结束时，还需要主持者作出总结性发言，主持者在总结的时候，最好不要说太多的话，长篇大论讲个没完，那样只会让听众心生反感。要知道，话多不如话少，话少不如话巧。所以，脱稿结尾时，结束语宜少不宜多。以下是某主持者在会议结束的时候，作出的总结词，篇幅虽短，会议意义和期望祝愿却表达到位，显得干净利索，而话少对于脱稿来说，无疑是有益的。

尊敬的各位领导、各位来宾、经销商朋友们：

再次感谢大家参加此次盛会！感谢大家多年如一日的执着支持！今天，我们高朋满座，畅谈合作，展望我们共同事业的美好前景，通过各位领导的发言，像壮阔的大海一样徐徐展开，就等待着我们高张云帆，起航共进！

我深信，经过此次会议，我们决胜未来的信心更为充足，我们的共同信念将更加稳固，我们之间的诚信合作精神将再度闪耀光芒！我深信，只要我们团结一致，真诚相待，和谐合作，激情奋进，我们一定会创造更加惊人的奇迹，我们一定会在不远的将来成为行业冠军！明年的今天我们一定会再次把酒言欢，欢庆胜利！尊敬的各位来宾、各位朋友，本年度核心经销商会议到这里就结束了，再一次感谢大家！衷心地祝愿各位在新的一年身体健康，财源广进，事业腾达，笑傲商海！

从此范例中我们可知，主持者如此简短的总结不仅做好了自己的角色，还没有喧宾夺主。所以，我们主持会议的时候，要尽量减少自己结束的话语，努力做到短小精巧。

　　一般来说，会议的结束语会有一个基本思路，因为不同的会议会有不同的情况，需要根据情况作出相应的调整，在此提供一个参考思路。

　　首先，主持者要表示感谢。这里感谢主要是对在场发言的每一位嘉宾或者是与会人员，感谢他们的参与。

　　其次，总结收获。整个会议持续下来，总会让你收获一些东西，作为会议的主持者，要简要地总结一下，并且这些内容要符合大众的心理，这样才能博得每一位听众的认可。

　　最后，再次感谢。对于来参加会议的每一个人表示感谢，对每一位发言者要表示感谢。

第五章　生日聚会

朋友生日以祝福词为主

　　假如老朋友过生日，你参加老朋友的生日酒会，在生日宴会上要求你上台讲几句，这时候你需要怎么说呢？有些人在这样的场合难免会为难，不知道应该讲什么，其实，老朋友的生日，就应该以祝福为主，与其说那些官话和空洞的话，还不如说点真心实在的话来感动老朋友，下面的范例就是在老朋友的生日聚会上满是祝福之语的发言，用在脱稿中，不仅能使祝福显得真心真意，更能体现出高超的口才技巧。

各位来宾、亲爱的朋友：

晚上好！

踏着金色的阳光，伴着优美的旋律，我们迎来了王军先生的生日，在这里我谨代表各位好友祝王军先生生日快乐，幸福永远！

烛光辉映着我们的笑脸，歌声荡漾着我们的心潮。在这个世界上，人不可以没有父母，同样也不可以没有朋友。没有朋友的生活犹如一杯没有加糖的咖啡，苦涩难咽，还有一点淡淡的愁伤。因为寂寞，因为难耐，生活变得没有乐趣，不复真正的风采。

朋友是我们站在窗前欣赏冬日飘零的雪花时手中捧着的一盏热茶；朋友是我们走在夏日大雨滂沱中时手里撑着的一把雨伞；朋友是春日来临时吹开我们心中寒冬郁闷的

一丝微风；朋友是收获季节里我们陶醉在秋日私语中的一杯美酒……

来吧，朋友们！让我们端起芬芳醉人的美酒，为王军先生祝福！祝你事业正当午，身体壮如虎，金钱不胜数，干活不辛苦，悠闲像老鼠，浪漫似乐谱，快乐非你莫属！干杯！

范例中的讲话比较随意一些，但在随意的同时又真正地表达了对老朋友的祝福之情。在表达的过程中，我们可以看出，讲话者利用了排比的句式，增强了现场的表达效果，增强了宴会的欢乐气氛。短短的几句话，足以表达出对老朋友的祝福之情。

在老朋友的生日聚会场合，怎样才能表达出对老朋友真挚的祝福之情，又应该组织怎样的思路呢？

通常来说，一般都会采用以下的办法。

首先，先祝老朋友生日快乐。在开场向各位问好之后，就应该直奔主题，向老朋友表示祝贺，祝他生日快乐。

其次，再念叨念叨朋友的好处。讲话者在讲朋友好处的时候，既可以举实例说细节，也可以用调侃的口吻来表达，这样的说法自然就会感动当事人，也能使现场听众产生共鸣。

最后，送出祝福。讲话者为了升华和体现主题，在最后的时候要送出祝福，送出祝愿。

老人寿辰以答谢、祝福为主

一般来说，老人过生日分得比较仔细。如果是大家族中德高望重的家长过生日，还会有相应的庆祝活动。作为晚辈在老人的寿宴上应该说些什么呢？一般来说，这种场合的发言以祝福、答谢为主，为老人的健康长寿表示真诚祝愿，对老人在过去为自己所做的扶持与帮助表示感谢。另外，发言态度也要谦逊恭敬，这既是对老人的尊重，更是让听众对发言者产生好感的方式之一。另外，在这样的场合脱稿发言，能让老人感到发言者的真诚，这时的感谢和祝福更像是肺腑之言，容易感动当事人。

范例是儿媳妇在公公的寿宴上发表的讲话，其中就是以对老人养育子女的答谢和对生日的祝福展开。

尊敬的各位亲友、各位来宾：

大家晚上好！

在滨城美丽的夜景中，我们相约于滨城大酒店，共同庆贺我尊敬的公公的 79 岁寿辰。首先，我代表家人向各位带着诚挚的祝福，拖着疲惫一日的身体前来道贺的浓浓深情，表示最衷心的感谢！

公公婆婆一生养育了四子二女，我爱人排行老小，由于年龄上的原因，我们不仅受到了公公婆婆特别的关心，而且哥哥嫂嫂、姐姐姐夫均在工作、生活上给予了相当的照顾。我和爱人于 1994 年 8 月结婚，至今已有 20 年的时间了，在这期间，我感受最多的就是这个大家庭无比的温馨和深厚的关爱。所以，二老在我的内心深处就好比是亲生养育我的父母，各位兄长更好似同胞亲人。

欣慰的是，公公婆婆在高龄时仍身体康健、精神矍铄，这对我们来说，真是莫大的幸福啊！在我的印象深处，公公是一个善解人意、待人厚道、勤奋节俭的人，他一生之中虽没有什么大的建树，但在乡邻眼中，在亲友同事心中，都是一个受人爱戴、受人尊敬的人，而他乐于助人、扶危济困的高尚人格，也深受大家的一致好评。

为了报答二老对我们的这番恩情，为了让他们在晚年过上幸福的生活，子女们都极为孝顺，无论在物质上还是精神上，都尽最大的努力照顾赡养二老。我在城里有两处房产，相隔较近，别人都劝说我租出去，可我的想法则是接二老进城享享福，尽尽孝心。从××年开始，二老一直跟我们一起生活，接触上的便利使得我与二老之间的情谊更为加深了。

……

此时此刻，我带着无比兴奋的心情，怀着各位兄长的体恤和关爱之情，也带着浓烈而深厚的谢意，再次感谢各位亲友、各位来宾为今晚的寿宴带来的这份珍贵的吉祥和喜气，并衷心祝愿大家春风得意、和气生财、生活幸福、心想事成！同时，我也带着一份特别的感激之情，还带着一份对公公婆婆无法用言语表达的深情厚谊，向二老由衷地说一声：谢谢二老给予我们这无私的爱和真切的情，并祝愿二老身体健康、晚年幸福！祝愿公公生日快乐、吉祥如意！也祝愿我们这个大家庭年年兴旺、岁岁平安！

谢谢大家。

此篇范例，讲话者所讲述的内容大多是以答谢为主，感谢老人一直关心和照顾自己，感谢老人为全家所做的贡献，同时最重要的是要祝福老人在今后的日子里身体健康、长寿安乐。

孩子生日多表希望

假如自己的孩子过生日，你为他举办了生日宴会，请了许多老朋友和小朋友，在孩子的生日宴会上，作为家长的你，需要作为主人发言，这时候怎样构思呢？在孩子的生日宴会上，更多要表达对孩子的希望，希望他在今后的学习和生活中逐渐地走向成熟之类的话语。一般孩子的生日宴规模不会太大，参与者多是关系比较亲近的朋友，所以更适合脱稿发言，这样会显得亲切自然，发言内容除了对参加宴会的朋友表示感谢之外，最重要的是对孩子的希望，下面以一位家长在孩子十岁生日宴上的致辞为例，来看一下这种场合要怎么说。

各位敬爱的长辈，诸位亲爱的同学、朋友，在座可爱的小朋友们：

大家好！

欢迎你们光临娜娜十岁生日宴会！你们的如约到来，你们的诚挚祝福，让全家感到非常的高兴和自豪！在这里，我代表全家，要特别感谢不远千里风尘仆仆赶到扬州来，参加聚会的我的同学和夫人的同学们；要感谢不远百里不辞辛劳前来为我们祝贺的，老家的长辈、亲戚、朋友们；要感谢不远十里从百忙中抽出时间前来欢聚的我们的在远方的同学、朋友、亲戚们。在此，我代表我们全家对大家的盛情光临表示最诚挚的感谢！（鞠躬）

光阴荏苒，岁月如歌。十年以前，我和夫人举行婚礼的场景还历历在目，（你们当中绝大部分人一定还记得），你们是不是和我一样也有太多的感慨？十年来，我们夫妇不负你们的厚望，添了一位小宝贝，她在大家的呵护照顾下，正在健康快乐地成长，天天在进步，越来越懂事；十年来，我们夫妇在你们的帮助支持下，辗转折腾，小房子换了大房子，工作换了一个又一个，天天在进步，越来越忙碌；十年来，我们夫妇在你们的关心引导下，相濡以沫，精诚团结，天天在进步，越来越和谐。这十年，是我们全家科学发展、举步前进的十年，是亲朋好友给予我们太多深切关爱的十年。借此机会，代表全家向你们致以最衷心的感谢！（鞠躬）

今天是我女儿李娜的十岁生日。十岁是人生旅途中的第一个充满好奇和向往的驿站！正是一个令人艳美的年龄，朝气蓬勃，充满希望，未来是属于他们的。我们组织这样一个宴会，让我们一起庆祝，是希望她从今天开始，学会懂得：因为有爱，生活才如此多彩；因为有苦，收获才如此甘甜；因为有泪，欢笑才如此灿烂。希望她从今天开始，学会感恩，铭记成长道路上的每一个脚印，哪怕那上面写满了艰辛；感恩成长过程中遇到的每一个朋友，笃信"三人行必有我师"，每一个朋友都值得好好珍惜；感恩在座的每一位嘉宾，他们是我们全家的至爱亲朋，他们对我们的无私关爱，应该永远铭记。在此我也要祝愿我的女儿李娜继续快乐生活，健康成长，学习进步，希望她珍惜这幸福的生活，珍惜这属于她的时代，将来用自己的才能，报效我们伟大的祖国；用自己的赤诚，报答曾经关心帮助过我们的每一个人！

最后，我要再次对各位嘉宾的光临表示感谢，希望以后能一如既往得到大家的关心、厚爱、鼓励和支持。请大家斟满杯中美酒，畅饮开怀，畅叙情谊，感恩生活！

让我们举杯，干杯！

谢谢！

此篇范例，家长主要讲述了自己对孩子的迫切希望，希望他们在以后的学习和生活中更加努力和奋斗，越来越走向成熟。讲话者在开场的时候首先欢迎了亲临现场的嘉宾，对于他们的到来表示衷心的感谢，接着就开始提出对孩子的希望和祝福。

第六章　婚礼宴会

热烈温馨的结婚祝词

婚礼上，讲话的角色很重要，不同的角色决定了不同的讲话内容，所以在开始脱稿讲话的时候，要认清自己的角色，思路开阔，贴切中肯，只有这样，才能收获到预期的效果。如果你是新人的介绍人，在婚礼上，就应该说出真心祝福的话语，用热烈温馨的话语来表达内心的祝愿。范例中的贺词就是某介绍人在他介绍的一对新人婚礼上的讲话，他用热烈温馨的话语感染了现场的每一位听众。

尊敬的各位来宾、各位朋友、女士们、先生们：

大家好！

今天，香蜜湖大酒店"喜酒香浮蒲酒绿，榴花艳映佩花红"。今天是 2013 年 12 月 19 日，一个喜庆祥和的日子，同时也是王先生和李小姐结下百年之好的大喜日子。

"久热恋，迎来良辰美景，长相思，共赏花好月圆。"一对新人从此又开始了人生的又一个新里程。

在这大喜的日子里，我希望王先生和李小姐共同肩负起新的家庭和社会责任，孝敬父母、尊敬长辈及双方；在未来的工作中，互相帮助、互相鼓励、共同进步、开拓进取、与时俱进；在未来的生活中，肩负起为人父、为人母的责任，和睦相处、心心相印、白头到老。

愿你们在天成为比翼鸟，在地结为连理枝，海枯石烂心不变。最后，祝福王先生和李小姐新婚幸福，好景常在，好运常伴；祝天下有情人终成眷属，爱满人间、情满人间；祝在座的各位来宾事业发达、身体健康、万事如意！

范例中，介绍人用简短的话语表达了对新人的祝福，话语间洋溢着美好和温馨，不仅切合了主题，而且增强了现场的氛围。要知道，介绍人是促成新人姻缘的大功臣，新郎、新娘一般都会对介绍人怀有很强烈的尊敬与感激之情。鉴于这一特殊的身份，除了说出热烈温馨的话语，还可以向新人婚后的生活提出更具体、更切实的要求，促使他们珍惜来之不易的幸福。

那么，在婚礼上，作为介绍人，我们需要按照怎样的思路来发言表达祝福呢？

也许每一个人都有自己的想法和观点，在这里提供一种方法供大家参考。

首先，表达自己作为介绍人的特别心情，向新人致以由衷的祝福。

其次，讲述婚恋双方经自己介绍由相识到相恋的过程，使宾客对新郎、新娘的基本情况有更多的了解。比如说你可选取两人在相知相恋过程中的一两件感人故事细致讲述，既可以激发参加婚礼者的兴致，又能够使一对新人感怀往事，增进心灵的契合。

最后，对新人的婚后生活提出希望和勉励。在婚礼的场合上，要表示对新人的祝福，并且介绍人的祝福要说得更加中肯、实在。这样才能让新人和现场的观众认可。

鼓励关怀，多多祝福

假如你是某企业单位的领导，你所在的部门有个同事结婚，你受邀参加婚礼，主持人请你上台讲几句，你应该怎样来构思呢？

其实，单位领导能够来参加下属的婚礼，这本身就说明领导对新人的关心和重视，而领导致辞则集中体现了这一点。好的领导致辞不仅能给人关怀与祝福，还能够使领导与下属之间的关系更加密切，促进工作的顺利开展。马云在阿里巴巴的员工集体婚礼上的讲话就是一个很好的范例，可以供大家在类似的场合脱稿讲话时参考借鉴。

我希望大家记住，从激情到爱情，再从爱情变亲情，这才是最高境界。

感谢大家把最美好，也是人生当中，最最令人难忘的仪式，交给了阿里巴巴，我也恭喜大家从今天开始与众不同。

在结婚之前你们每个人只要照顾自己就可以，现在你们要开始照顾更多的人，承担更多的责任。大家知道在我们家，谁永远是 NO.1(第一位)？（台下喊：张瑛！张瑛！张瑛是马云的夫人，也是阿里巴巴最早的创业者之一）对！在张瑛眼里谁永远是 NO.1？（台下喊：马云！马云！）结婚之前和结婚之后永远要记住，客户第一。（台下笑，有人高声问，客户是谁啊？）

花了这么多时间把对方娶来，花了这么多时间想嫁给他，结婚之前的话和结婚以后的话是不能改变的。永远记住，客户第一，老婆第一，老公第一。很多人说父母第一，但我想结婚以后，应该永远是老婆第一，老公第一，父母也会理解的。所有在座的亲朋好友，是不是这样？（台下齐声

回答：是！掌声）

你幸福就是我幸福，你幸福父母就幸福，你幸福，朋友、亲戚们就幸福。所以记住你的幸福来自你的另一半。永远坚持，客户第一，你的另一半第一。

第二，我想跟大家讲，（阿里巴巴的）六大价值观里的第二条：团队合作。其实，婚姻是两个人的事情。从今天起，你们的婚姻刚刚开始，结婚的那一天，也是麻烦开始的那一天。这个麻烦呢，从第一天起到最后你离开这个世界，永远不会停止。但是生活的快乐，生活的意义，也就是你们之间的矛盾带来的快乐。所以我希望不要埋怨对方，而是检查自己，两个人永远是团队合作。无论对父母、对孩子、对社会，两个人永远在一起。

第三，信任，也就是我们讲的诚信，假如你们两人之间没有信任，那么永远走不久、走不长。今后不管对你的父母，对你的孩子，永远不要隐瞒。前段时间我儿子十八岁生日那天，我说，不管你犯任何错，只要你讲真话，老爸一定支持你、理解你，跟你沟通。我希望你们，也能永远坚持信任对方。

第四，我们价值观里面的敬业。坚持到底，爱他（她）了，娶她了，嫁给他了，就不要说他(她)不好，就坚持一个他(她)吧。生活永远是这样，它的不完美才是它的魅力所在。激情很难持久，婚姻最高的价值，最高的境界，不是激情，平淡的生活才是真正的家庭生活。所以我希望大家记住，从激情到爱情，再从爱情变亲情，这才是最高境界。我相信你们的父母很多已经成为亲情，我们年轻人经常说爱情变成亲情多可悲，我认为，爱情变成亲情是最珍贵的，两个毫无血缘关系的人，居然可以像亲人一样。所以我想这辈子陪你走到底的，那就是另一半。孩子不能陪你，父母也不可能陪你，陪你的是另一半。激情偶尔可以有，但最重要的是你们之间的亲情。

还有最后一点，拥抱变化。什么事情都有可能发生，但是永远有积极、乐观的心态看待它，只有阳光的心态才能面对挑战，我希望大家记住阿里巴巴倡导的，认真生活，快乐工作。我们来到这个世界不是来做实验的，来到这个世界不是来成家立业的，来这个世界中是体验人生的，而陪你体验人生的就是你的另一半。

......

执子之手，与子偕老。选择了就永远不要退缩，往前走下去。解决问题的方法一定比问题多。

谢谢！祝福大家！

范例中，马云多采用的是鼓励、关怀的话语，对新郎和新娘表示祝福。在婚礼重要的场合，领导放下了平时的架子，以普通人的态度向新人贺喜，这不仅赢得了新人的认可，同时也得到在场所有人的认同。马云分析了结婚对于他们意味着什么，以及对新人以后的生活作出了希望和要求，这也体现了杰出领导的风范。

第七章　竞聘述职

全面具体阐述工作目标和设想

一般说来，竞聘者在竞聘演讲时，一要讲清自己的应聘条件，突出自己的优势，并且这种优势足以胜任应承担的职务和工作；二要回答"若在其位，如何谋其政"的问题。要在有限的讲话时间内完成上述工作，脱稿讲话的总体内容就应始终围绕一个目标——岗位职务工作进行，做到目标明确、语不离其宗，不可开口千言、离题万里。以下范例中的讲话就是以工作目标和未来发展为主要内容的竞聘发言。

各位领导：

首先，感谢公司提供了这个展示自己，让大家认识我、了解我的机会。"公开、平等、竞争、择优"，这是历史的必然，也是时代发展的要求。这次竞聘对我个人是一个重要的激励和挑战，将有益于我个人素质的提高。此次竞争，无论成功与否，我都将一如既往地听从组织的安排，干好自己的本职工作。

……

我认为设立本岗位的目的就是要适应当前的竞争环境，提高我司运营质量，为一线业务发展做好后台支撑。主要实现以下目标。

1. 贯彻落实及组织制定各项规章制度、销售指标及任务、人员管理办法、库存计划，保障卖场的安全、高效、稳定运行。

2. 加强检查、监督力度和人员能力开发，组织店内、店外促销活动，做好人员调配、商品排列及布局，协调、配合厂家的现场促销，有效降低企业运营成本。

3. 及时、准确、有策略地开展市场调研，确保价位优势及合理利润并制定针对竞争对手的对策。

4. 掌控门店及配送中心库存情况，执行安全库存制度，提高资金使用率，加快资金周转。

5. 对样机进行专项管理，加快样机周转。

6. 组织业务培训，提高员工的业务知识和销售技巧。制定技术规范、开展技术支援，提高全店人员整体水平。

7. 保证上级公司制定的命令、授权及任务等在门店得到畅通传达、充分理解和有效执行，并对结果反馈、分析。

以上七个目标是相辅相成的，全店销售人员整体水平的提高，必将能够保障我店的安全、高效、稳定运行，也必将降低企业在运行维护方面的各项运营成本。

如果这次我能够顺利竞聘成功，我将做好以下工作履行自己的岗位职责。

1. 协助各部门搞好店面销售，提高岗位执行力，做好计划、组织、领导、控制和管理工作。

我认为，作为门店经理，是分部总经理对部门管理的分担者，因此，我要摆正自己的位置，严格做到：工作主动积极不越位，协助管理不越权，加强团结不分散。

充分调动部门员工的工作积极性，发挥他们的聪明才智；加强内部员工的业务技术培训，提高整体员工的技术水平。加强各项运行维护管理制度、作业流程、管理办法的执行力度，做好监督、检查、指导、考核，使得各项维护工作能够贯彻、落实。

2. 努力完善自我，提高工作能力。

虽然我刚刚接手门店经理的工作不久，但是在家电零售行业一日千里的今天，尤其是在店面运营维护技术方面，如何加强零售经营的稳定运行能力，营销网络的业务支撑能力，强化一线销售人员技术和意识，做好运营管理系统大客户的自主开发工作，将会是一个需要认真学习、不断发展的领域。只有不断努力学习，深入实践，才能做到与技术同步，担当起技术指导和管理的任务。

3. 创新解决问题的方法，加强技术交流和对外协作。

店面零售管理人员在不断提高自己水平的同时，还应该能够组织各方面技术力量。我将充分利用公司先进的交流平台，为各部门、各单位提供更加丰富和完善的数据技术支持。另外要加强全店销售人员的交流与培训，组织更多更高水平的讲座，提高整体防范意识和技术水平，以保证全店的安全、高效、稳定运行。

4.加强应用开发，利用先进的方法进行科学管理，提高管理成效。

随着经营的日益多样化，零售工作所面临的问题也越来越复杂。俗话说，"道高一尺，魔高一丈"，服务售后的领域就是在此消彼长中不断发展，不断进步。服务永远面临着挑战，没有一劳永逸、尽善尽美的解决方案，所以在各项日常售后工作中，不仅要求我们的售后人员随时跟踪，不断提出新要求，解决新问题。最重要的是，我们还应加强售后服务的自主开发，不仅可以提高我分部客服的技术水平，而且对后期维护、客户再开发等方面带来便利之处，并且能够为企业节约大量资金，降低企业运营成本。

再次感谢公司给我这次竞聘的机会，有不当之处请批评指正。

谢谢大家！

此篇范例，竞聘的讲话者在阐述工作目标时，从制度、团队配合、样机管理、调研、业务培训等七个方面进行阐述，分别说出了在某一方面的目标。接着在工作设想方面，明确地提出了四点，分别是：协助各部门搞好店面销售，提高岗位执行力，做好计划、组织、领导、控制和管理工作；努力完善自我，提高工作能力；创新解决问题的方法，加强技术交流和对外协作；加强应用开发，利用先进的方法进行科学管理，提高管理成效。可谓是细致而全面。

竞聘讲话为广大人才提供了一个充分展示自我、表现自我的舞台，愿广大竞职者能够克服演讲中的不良倾向，客观、公正地做好自我评价，科学合理、切合实际地阐明施政方案，向听众推销一个真实的自我，通过竞争找到适合自己才华的工作岗位。

分层面述职工作

在述职报告中，述职者依据岗位规范和职责目标，对自己任期内的德、能、勤、绩等方面的情况，作自我评估、自我鉴定。述职人必须持严肃、认真、慎重的态度，既要对自己负责，也要对工作负责，对领导负责。对工作的走向，前因后果，要叙述清楚，评论恰当；所叙述的事情，要概述，更要分层面讲述，让人一目了然，并从中引出自评。但要强调：切忌浮泛的空谈，切勿引经据典的论证，定性分析必须在定量证明的基础上进行。而想要得到领导的赞赏，述职报告时采用脱稿的方式是个不错的选择，它可以体现出你对工作的熟悉程度以及责任心，比起照着报告念，更容易让领导相信你在工作中的认真态度。接下来，我们用一篇范例来说明如何分层面述职工作。

各位领导：

大家好！

本人于 2001 年大学毕业后，一直在市疾病预防控制中心从事地方病防治工作。2002 年取得执业医师资格，同年被聘为医师；2007 年取得中级职称资格。现将本人任职以来的工作情况总结如下：

在政治思想方面，我始终坚持党的路线、方针、政策，始终坚持全心全意为人民服务的主导思想。积极参加单位和科室组织的各项政治活动和政治学习，坚持读书看报，不断提高自己的政治理论水平。作为一名青年同志，我积极追求先进、要求进步，积极向党组织靠拢，并光荣地向党组织递交了"入党申请书"。

在职业道德方面，本人自觉遵守单位各项规章制度，勤奋工作，不迟到，不早退；尊重领导，团结同志；热爱自己的工作岗位，端正自己的职业操守，遵守医师的职业道德，全心全意为群众的健康服务。

在业务学习方面，我能努力钻研业务，精益求精。随着社会经济的不断发展，人民群众对健康要求的不断提高；随着科学技术的不断进步，新的理论、技术、方法不断出现，我深刻意识到只有不断学习、充实自己，才能更好地胜任自己的工作岗位，不断迎接新挑战。因此，我积极参加各种学术交流、医学继续教育活动，利用报刊、杂志、书籍以及互联网等，不断充实自己的知识水平，扩展自己的视野范围，提高自己的业务素质，以适应时代的需求，为今后工作打下坚实的基础。

在日常工作岗位上，我认真做好本职工作，听从科长的安排，服从领导的调度，认真做好血吸虫病、碘缺乏病、疟疾、丝虫病等地方病防治工作，协助办理政府血防办事务。我工作积极主动，善于思考，不断进取，勇于创新，为防治工作献计献策。我坚持工作在基层第一线，不怕苦、不怕累，全身心地投入查灭螺、查治病、健康教育、防控急感、晚血救助等血吸虫病防治的基层工作中，全心全意为群众的健康服务。我还一直负责血吸虫病信息资料的收集、整理、统计、上报等工作，协助科长制定工作计划、撰写工作总结。

今后，我将一如既往地努力奋斗在卫生防病第一线，为人民群众的健康服务。

谢谢大家！

此篇范例中讲话者从政治思想、职业道德、业务学习等方面，逐条地进行阐述，把自己在上一段时间的工作情况进行了很好的总结，让听众清楚地了解到他所做的工作，这样分层面的述职值得我们在以后的讲话中参考。

第八章 校园演讲

逆向思维出新意

假如你是知名人士，被某著名大学邀请，让你给学生们作一场精彩的演讲，如何通过讲话来吸引同学们的注意力和启发同学们的思考呢？要知道，学生们从小到大肯定经历了很多老师和校领导讲话的场合，最容易厌倦那种照本宣科的说教方式。所以，脱稿讲话就成了吸引学生注意，展现自己良好口才的一个机会。那么，该如何说呢？一些他们听惯了的大道理最好少说，他们肯定不希望在课堂之外还接受"调教"，我们不妨利用逆向思维的方式，用一种与他们常识相反的观点为其呈现一场别有新意的脱稿讲话。

以下范例是"甲骨文"公司总裁拉里·埃里森在耶鲁大学的演讲，他就是采用逆向思维的方法，给学生们留下了深刻的印象，同时其演讲的内容引发了同学们的思考。

耶鲁的毕业生们：

我很抱歉——如果你们不喜欢这样的开场。我想请你们为我做一件事。请你们好好看看周围，看看站在你左边的同学，看看站在你右边的同学。

请你设想这样的情况：从现在起5年之后、10年之后，或30年之后，今天站在你左边的人会是一个失败者；右边这个人，同样也是个失败者。而你，站在中间的家伙，你以为会怎样？一样是失败者。失败的经历，失败的优等生。

说实话，今天我站在这里，并没有看到1000个毕业生的灿烂未来。我没有看到1000个行业的1000名卓越领导者，我只看到了1000个失败者。

你们感到沮丧，这是可以理解的。为什么？我，埃里森——一个退学生，竟然在美国最具声望的学府里这样厚颜无耻地散布异端？我来告诉你原因。因为，我，埃里森，这个星球第二富有的人，是个退学生，而你不是。因为比尔·盖茨，这个行星上最富有的人——就目前而言——是个退学生，而你不是。因为艾伦，这个行星上第三富有的人，也退了学，而你没有。

再来一点儿证据吧，因为戴尔，这个行星上第九富有的人——他的排位还在不断上升，也是个退学生，而你，不是。

你们非常沮丧，这是可以理解的。你们将来需要这些有用的工作习惯，你将来需要这种"治疗"。你需要它们，因为你没有辍学，所以你永远不会成为世界上最富有的人。

哦，当然，你可以，也许，以你的方式进步到第十位、第十一位，就像史蒂夫。但我没有告诉你他在为谁工作，是吧？根据记载，他是在研究生时辍的学，开化稍微晚了些。现在，我猜想你们中间很多人，也许是绝大多数人，正在琢磨："我能做什么？我究竟有没有前途？"当然没有，太晚了，你们已经吸收了太多的东西，以为自己懂得太多。你们再也不是 19 岁了。你们有了"内置"的帽子，哦，我指的可不是你们脑袋上的学位帽。

嗯……你们已经非常沮丧啦。这是可以理解的……所以，现在可能是讨论实质的时候啦——绝不是为了你们，2000 年毕业生。你们已经被报销，不予考虑了。我想，你们就偷偷摸摸去干那年薪 20 万的可怜工作吧，在那里，工资单是由你两年前辍学的同班同学签字开出来的。事实上，我是寄希望于眼下还没有毕业的同学。我要对他们说：离开这里！收拾好你的东西，带着你的点子，别再回来。退学吧，开始行动！

我要告诉你，一顶帽子一套学位服必然让你沦落……就像这些保安马上要把我从这个讲台上撵走一样必然……

此篇范例中埃里森用他自己、比尔·盖茨、艾伦、戴尔等成功人士退学创业的例子作为自己的论据，尽最大努力地让学生们相信自己的观点，他的讲话对渴望创业的人是个极大的鼓舞！然而每个人的条件不同、素质不同、追求不同，因而作为技术专家的埃里森对弃学创业的"鼓吹"有些夸张和偏激，不一定适合所有人，但蕴含在其中的事在人为、敢作敢为的精神和魄力是创业者需要的。

试想，如果有一个想要创业而又有诸多顾虑犹豫不前的毕业生，正常情况下人们会鼓励学生说："放心去吧，你的知识和学历证明你比大多数人优秀。"可这种说法的效果并不好，因为这个时候的犹豫就是缺乏勇气，与学历高低无关，而且同等学历的人也有不少，这样说不具有说服力。但埃里森用劝学生们退学的方式，用几位名人的事实说明创业需要的是勇气和想法，强调的是敢于迈出第一步的魄力。听了这次讲话相信这个学生一定会放开自身的束缚，用"无知无畏"的勇气去社会上拼搏。这就是逆向思维的体现。

对于校园演讲，讲话者要想吸引听众的兴趣，激发听众的好奇心，就需要掌握一些方法和技巧，这样才能赢得更多听众的欢迎。

现身说法谈感悟

校园演讲中总是不乏名人大师的范例，尤其是在大学校园中，请一些成功人士来和学生们进行探讨交流更是平常，如果你有幸被某所高校邀请，面对莘莘学子，你准备说一些什么呢？

人们对于成功人士大多都有一种崇拜羡慕的心理，学生们更不例外，他们对社会充满了向往，对于在社会中打拼出一定成绩的人更是崇拜。希望从这些成功者身上学习一些有用的东西，是渴望成功的学生们的普遍想法。所以，如果你有了一些成就，那么，在校园演讲时不妨说一些自身经历、亲身感悟，相信这样的内容会受到大部分学生的欢迎。

以下摘取了百度创始人李彦宏在北大毕业典礼上的部分讲话内容，我们来感受一下如何现身说法进行脱稿讲话：

尊敬的闵书记、许校长，各位老师，各位家长，亲爱的学弟学妹们：

大家上午好！

今天，站在各位同学毕业典礼的讲台上，我最大的感受就是觉得非常的荣幸。

在各位生命中最值得纪念的时刻与你们在一起，让我百感交集。我仿佛回到了十七年前，坐在你们中间，对这个再熟悉不过的校园感到万分的留恋，也对即将展开的新的生活有期待、有迷茫甚至有所畏惧。

……

今天我想给大家分享一些我的经历和对生活的感悟。

第一，是关于选择的故事。

进北大前我就非常喜欢计算机，我相信未来的计算机肯定会被广泛应用，而单纯的学计算机恐怕不如把计算机和某项应用结合起来有前途，于是我选择了北大的信息管理系，而不是计算机系。

我有个姐姐先我五年考上了北大，她告诉我北大的学生出国都很容易，她告诉我外面的世界很精彩。上了北大之后，我却发现我的情报学专业出国并不容易，而最先进的计算机技术那时候在美国。我被迫开始思考自己的下一步，并通过不断参与各种活动来丰富自己的视野。……

我在美国读计算机的时候，本来是读博士的，后来选择了放弃。原因是发现我更希望我做的东西能够被很多很多人使用，而不喜欢去研究一个别人已经研究了 10 年的命题。

……

百度公司走过了 8 年的历程，今天已经成为一个市值超过 100 亿美元的公司，为越来越多的人提供服务。我最大的心得就是要选择做自己喜欢做的事情，我们需要从自己真正的心里面去做选择，并不是你认为社会期望你这样做，父母期望你这样做，朋友期望你这样做。只有这样，你才会越工作越开心，在遇到困难、遇到挫折的时候，不会被沮丧击败，而全身心地去享受整个过程。

第二，是关于专注的认识。

我一生有两个最大的幸运，一是找到我的太太，二是从事一份自己喜欢的工作。但太太与工作唯一的不同就是：太太只有一个，而工作每时每刻都充满了诱惑。很多人都会专注于一个妻子，但很多人都会喜欢上多个不同的工作。

……

很多时候，我感到百度能一直坚持做搜索是因为我对专注有宗教一般的信仰。普通人很难想象对于一个有 2 亿名用户的公司，每天要面对多少诱惑。百度可以做一百件事，最后我们只选择了一件，并一做就是 8 年，而且还会再做下去。

人一生中可以完成的事情是有限的。只有专注才能让自己变得足够优秀。所以说："有所不为，才能有所为。"

第三，是关于视野的感悟。

回头望望自己走过的路，我会发现，这个世界的广阔是自己很难想象的。很多当时觉得非常大的困难，现在看来不过是一些小事，很多当时感觉到很棘手的事，现在也只是茶余饭后的话题罢了。

百度在 2000 年成立时，并不直接为网民提供搜索服务，我们只为门户网站输出搜索引擎技术，而当时只有门户需要搜索服务。2001 年夏天，我做了这样一个决定，从一个藏在门户网站后面的技术服务商，转型做一个拥有自己品牌的独立搜索引擎。这是百度发展历程中唯一的一次转型，会得罪几乎所有的客户，所以当时遭到很多投资者反对。但当我把视线投向若干年以后时，我不得不坚持自己的观点。大家知道，后来我说服了投资者，所以才有了大家今天看到的百度。

百度从后台走向了前台，加上我们的专注与努力，今天运营着东半球最大的网站。

……

所以说：视野有多远，世界就有多大。

最后，我在这里衷心祝贺你们顺利完成在北京大学的学习，祝愿你们未来的道路越走越宽广，世界在你手中。也让我们一起祝福我们的母校传承历史、继往开来、再攀高峰。

谢谢大家！

范例中，李彦宏通过三个不同的方面，结合自身经历讲述了他从学校到社会的一些感悟，三个方面看似独立，实则层层递进。先说遵从内心做选择，选择之后就要专注它，而只有专注一件事最后才有可能成功。李彦宏用这三个道理告诉学生们如何接近成功，加上他的真实经历使讲话亲切质朴，也更加有可信度。学生们从这次讲话中了解了这位成功者，也学到了做人做事的道理。

幽默风趣表心声

在校园演讲上常会出现这样的情形：台上的演讲者说得津津有味，底下的学生却不买账，他们自顾自聊天、玩手机，甚至睡觉，这样的演讲必定是失败的。

那么，如何让学生们对你的讲话感兴趣，并且一直听下去呢？幽默是个不错的选择，在讲话内容中不断加一点笑料，就能把枯燥的内容生动地表现出来，学生们在欢笑之余也就对后面的讲话更感兴趣了。2008 年，某人在北京大学开学典礼时发表的演讲，幽默风趣的风格赢得了全场阵阵掌声。由于篇幅有限，只摘取部分内容为例：

各位同学、各位领导：

大家上午好！

非常高兴许校长给我这么崇高的荣誉，谈一谈我在北大的体会。

可以说，北大是改变了我一生的地方，是提升了我自己的地方，是使我从一个农村孩子最后走向了世界的地方。毫不夸张地说，没有北大，肯定就没有我的今天。北大给我留下了一连串美好的回忆，大概也留下了一连串的痛苦。正是在美好和痛苦中间，在挫折、挣扎和进步中间，最后找到了自我，开始为自己、为家庭、为社会能做一点事情。

学生生活是非常美好的，有很多美好的回忆。我还记得我们班有一个男生，每天都在女生的宿舍楼下拉小提琴，希望能够引起女生的注意，结果后来被女生扔了水瓶子。我还记得我自己为了吸引女生的注意，每到寒假和暑假都帮着女生扛包。后来我发现那个女生有男朋友，我就问她为什么还要让我扛包，她说为了让男朋友休息一下。我也记得刚进北大的时候我不会讲普通话，全班同学第一次开班会的时候互相介绍，我站起来自我介绍了一番，结果我们的班长站起来跟我说："俞敏洪你能不能不讲日语？"我后来用了整整一年时间，拿着收音机在北大的树林中模仿广播台的播音，但是到今天普通话还依然讲得不好。

人的进步可能是一辈子的事情。在北大是我们生活的一个开始，而不是结束。有很多事情特别让人感动。比如说，我们很有幸见过朱光潜教授。在他最后的日子里，是我们班的同学每天轮流推着轮椅在北大里陪他一起散步。每当我推着轮椅的时候，我心中就充满了对朱光潜教授的崇拜，一种神圣感油然而生。所以，我在大学看书最多的领域是美学。因为他写了一本《西方美学史》，是我进大学以后读的第二本书。

为什么是第二本呢？因为第一本是这样来的，我进北大以后走进宿舍，我有个同学已经在宿舍。那个同学躺在床上看一本书，叫作《第三帝国的兴亡》。所以我就问了他一句话，我说："在大学还要读这种书吗？"他把书从眼睛上拿开，看了我一眼，没理我，继续读他的书。这一眼一直留在我心中。我知道进了北大不仅仅是来学专业的，要读大量大量的书。你才能够有资格把自己叫作北大的学生。所以我在北大读的第一本书就是《第三帝国的兴亡》，而且读了三遍。后来我就去找这个同学，我说："咱们聊聊《第三帝国的兴亡》。"他说："我已经忘了。"

我也记得我的导师李赋宁教授，是北大英语系原主任，他给我们上《新概念英语》第四册的时候，每次都把板书写得非常完整，非常美丽。永远都是从黑板的左上角写起，等到下课铃响起地时候，刚好写到右下角结束。我还记得我的英国文学史的老师罗经国教授，我在北大最后一年心情不好，导致考试不及格。我找到罗教授说："这门课如果我不及格就毕不了业。"罗教授说："我可以给你一个及格的分数，但是请你记住了，未来你一定要做出值得我给你分数的事业。"所以，北大老师的宽容、学识、奔放、自由，让我们真正能够成为北大的学生，真正能够得到北大的精神。当我听说许智宏校长对学生唱《隐形的翅膀》的时候，我打开视频，感动得热泪盈眶。因为我觉得北大的校长就应该是这样的。

我记得自己在北大的时候有很多的苦闷。一是普通话不好，第二英语水平一塌糊涂。尽管我高考经过三年的努力考到了北大——因为我落榜了两次，最后一次很意外地考进了北大。我从来没有想过北大是我能够上学的地方，她是我心中一块圣地，觉得永远够不着。但是那一年，第三年考试时我的高考分数超过了北大录取分数线7分，我终于下定决心咬牙切齿填了"北京大学"四个字。我知道一定会有很多人比我分数高，我认为自己是不会被录取的。没想到北大的招生老师非常富有眼光，料到了三十年后我的今天。但是实际上我的英语水平很差，在农村既不会听也不会说，只会背语法和单词。我们班分班的时候，50个同学分成三个班，因为我的英语考试分数不错，就被分到了A班，但是一个月以后，我就被调到了C班。C班叫作"语音语调及听力障碍班"。

我也记得自己进北大以前连《红楼梦》都没有读过，所以看到同学们一本一本书在读，我拼命地追赶。结果我在大学差不多读了800多本书，用了五年时间。但是依然没有赶超上我那些同学。我记得我的班长王强是一个书癖，现在他也在新东方，是新东方教育研究院的院长。他每次买书我就跟着他去，当时北大给我们每个月发20多块钱生活费，王强有个癖好就是把生活费一分为二，一半用来买书，一半用来买饭菜票。买书的钱绝不动用来买饭票。如果他没有饭菜票了就到处借，借不到就到处偷。后来我发现他这个习惯很好，我也把我的生活费一分为二，一半用来买书，一半用来买饭菜票，饭票吃完了我就偷他的。

……

人的一生是奋斗的一生，但是有的人一生过得很伟大，有的人一生过得很琐碎。如果我们有一个伟大的理想，有一颗善良的心，我们一定能把很多琐碎的日子堆砌起来，变成一个伟大的生命。但是如果你每天庸庸碌碌，没有理想，从此停止进步，那未来你一辈子的日子堆积起来将永远是一堆琐碎。所以，我希望所有的同学能把自己每天平凡的日子堆砌成伟大的人生。

最后，我代表全体老校友向在座的 3000 多位新生表一个心意，我代表全体老校友和新东方把 200 万人民币捐给许校长，为在座同学们的学习、活动和成长提供一点帮助。

从范例中可以看出，同样的话语，同样的意思，不同人讲出来，自然就会获得不同的效果。俞敏洪改变了传统的说教方式，而是根据自己的大学时代的经历，用幽默风趣的话语表达出来，这样产生的效果更会让学生们记忆犹新。所以，幽默风趣的表达值得我们学习和参考。

第九章　节日致辞

美好祝福层次化

节日类演讲是在庆祝节日时所发表的，根据不同的节日拟订不同的演讲主题，这同时也是一种回顾和反思。通常节日演讲是积极向上的，为听众营造出一种轻松愉快的氛围。在这轻松愉快的氛围中，发表美好祝福的时候，最好做到层次化。

我们以某人在中秋节上的致词为例，看看如何将祝福分层次表达出来。

晚上好！欢迎大家出席我们的中秋联欢晚会！

在华人的传统节日中，中秋节是欢庆丰收的节日，也是合家团聚、把酒邀月的喜庆之时，更有"嫦娥奔月"的美丽传说，将中秋月夜点缀得浪漫迷人。每年此时，总商会都会举办五彩缤纷的活动，欢度中秋佳节，不仅是加强会员和朋友们之间家庭的融合及生意的交流，我们也乘此机会，让大家加深对悠久的中华文化的了解，并使不同种族、语言和宗教的同胞相互交流，增进认识，进一步加强种族和谐与社会凝聚力。

庆祝像中秋这样的华人传统节日已成为我们的常年活动，当然这只是总商会为保存和发扬中华文化所开展的许许多多活动之一。随着中国经济的迅速增长，总商会将负起更重大的使命，更加注重自身新的定位，并实现新的发展，以帮助新加坡人，特别是年轻一代更好地了解中国的文化、历史和当前的发展状况，在同中国的经贸往来及开发中国市场方面增加竞争优势。

多年来，我们一直积极支持"讲华语运动"，并一如既往地组织或赞助与中华文化及华语有关的各项活动。我们将继续开展这些活动，同时也开发一些创新的、具有实用价值的文化活动，比如主办一系列"中国古典名著给现代企业管理的启示"方面的讲座，将中华文化知识与经商紧密结合起来。

此外，我们的附属机构——新加坡中华总商会企业管理学院开办商业华语课程已有多年。这些课程广受欢迎，现在，一些放眼中国市场的本地非华族专业人士也开始青睐商业华语课程了。我们将进一步增加与办好这些课程，以满足快速增长的需求。

总商会也曾投入大量的经费和精力，帮助新加坡人了解中国的历史及其对东南亚的影响。本会充分认识到晚晴园所蕴含的深厚历史意义，对其进行了修复和扩建，重新命名为"晚晴园——孙中山南洋纪念馆"，并于去年底重新向公众开放。这座见证了孙中山南洋革命活动足迹的建筑，现在已成为一座普及国民教育的纪念馆，使到访者对中国的历史及近代发展有基本的了解。

今晚，非常荣幸地邀请到林双吉政务部长参加我们的中秋联欢晚会。我谨代表新加坡中华总商会，向您及您的家人致以真诚的祝福，并祝各位嘉宾中秋愉快、身体健康、家庭美满、合家幸福！祝愿我们总商会实现新的发展！祝我们的国家繁荣富强！

谢谢大家！

从以上的范例我们可知，讲话者在结尾作出祝愿的时候，把美好的祝福分成三个方面来说：祝愿各位嘉宾以及所有的家人身体健康，祝愿中华总商会发展更好，祝愿我们的国家繁荣富强。从对个人的祝福，到公司的祝愿，再到对国家的美好祝福。可以看出讲话者考虑得非常全面，既照顾到了个体，又照顾了国家。

歌颂和弘扬节日意义

在一些节日庆典场合，上台脱稿讲话时，要以弘扬和歌颂节日意义为主。比如在国庆节上要大力弘扬歌颂爱国精神；在劳动节上，主要弘扬劳动光荣的主题，倡导相关行业认真从事劳动工作；在中秋节上，主要倡导合家团圆；等等。我们选取某人在五一劳动节上的讲话为例，来说明歌颂和弘扬节日意义如何表达。

春风送爽，万象更新。今天我们迎来了又一个工人阶级和劳动人民的光辉节日——"五一"国际劳动节。

每次过"五一"的时候我都会想起初中学到的那篇杨朔的《荔枝蜜》："多可爱的小生灵啊！对人无所求，给人的却是极好的东西。蜜蜂是在酿蜜，又是在酿造生活；不是为自己，而是为人类酿造最甜的生活。蜜蜂是渺小的，蜜蜂却又多么高尚啊！""这天夜里，我做了个奇怪的梦，梦见自己变成了一只小蜜蜂。"

我们讴歌劳动，是为了纪念过去，我们崇尚劳动，是为了开创未来。放歌新世纪和美好的春天，我们讴歌劳动，歌唱祖国的美丽河山，展示劳动者的风采。祖国的大花园中到处都是我们勤劳的蜜蜂。

近年来"劳动光荣"价值观受到挑战。一些人由此变得很浮躁，一直在寻求机会"搏一搏"，痴想哪天一觉醒来就变为富翁。"一夜暴富"确实存在，但概率极小。人活着不能"守株待兔"，而是要奋斗。劳动创造世界。有了人们的体力脑力支出，才有财富产生的可能。至于非劳动收入只不过是人类剩余价值的分割而已。无论什么情况，无论哪个年月，我们都要坚信"劳动光荣"。

劳动创造了世界，劳动创造了人类，劳动创造了财富。尊重劳动就是尊重人本身。当今时代，强调尊重劳动应克服片面性，既重视创造性的、复杂的智力劳动，又重视在平凡岗位上兢兢业业、默默奉献的体力劳动，使各种劳动有机统一于社会主义现代化建设事业中。

一个人的劳动态度、习惯、能力，以及对劳动的认识，对劳动人民的感情，对劳动成果的珍惜意识，对劳动创造幸福、劳动创造一切的理解，对劳动光荣，劳动没有高低贵贱之分的认识程度，往往是检验这个人思想道德、意志品质的有效标准。

让我们都来发扬勤劳、勇敢的精神，为真理我们团结斗争，经风雨意志会坚韧。辛勤劳动建设自己的国家，我们的无穷力量会像海涛奔腾，祝愿我们的祖国永远光辉灿烂，永远繁荣昌盛！

此篇范例，讲话者根据"五一"劳动节的节日意义，弘扬了劳动精神，同时也倡导人们践行劳动，发扬勤劳、勇敢的劳动精神。这就充分契合了主题，也升华了主题。

在节日场合，我们需要组织怎样的思路和框架来搭建节日讲话的思路，并且不让讲话的内容空洞呢？

首先，点题庆祝。讲话者在开场时要表明节日是什么，用热情而喜庆的话语庆祝节日的到来。在这部分需要注意的是，不要长篇大论，简要阐述清楚即可。

其次，歌颂节日主题。在这部分，需要讲话者采用一些方式，比如可以通过回忆一些与节日主题有关的经历，以此来引发全场的共鸣，使全场都处于这种喜庆而热烈的氛围中。

最后，弘扬和倡导节日精神。讲话者在结尾时，要大力提倡和弘扬节日的精神，倡导全民参与行动。注意语气要慷慨激昂，充满热情。这样才能真切地感染现场的每一位听众。

纪念意义要突出

节日演讲的内容必然离不开相关的节日，一般讲话的时间不长，但演讲者仍是将主题扣在了节日上，可以这样说，所有的节日演讲词内容都有纪念色彩。比如说：元旦演讲是在欢迎新年的同时纪念过去的一年，端午节在欢庆节日时也是为了纪念爱国诗人屈原。所以，在节日脱稿致辞时，要着重突出纪念意义，既符合主题，也能让讲话显得更有价值。而且一般节日的纪念意义是耳熟能详的，可以说即使脱稿讲话也没有难度，关键是要使纪念意义在整场讲话中鲜明深刻。以某人在端午节的讲话为例，看一下如何突出纪念意义。

各位师生：

大家好！

今年的 5 月 28 日是农历五月初五，中国的传统节日——端午节。人们会通过赛龙舟、包粽子、喝雄黄酒等形式来纪念一个不朽的灵魂——屈原。

据《史记·屈原贾生列传》记载，屈原是春秋时期楚怀王的大臣。他倡导举贤任能，富国强兵，力主联齐抗秦，遭到贵族子兰等人的强烈反对，屈原遭谗去职，被赶出都城，流放到沅、湘流域。在流放中，他写下了忧国忧民的《离骚》《天问》《九歌》等不朽诗篇，独具风貌，影响深远。公元前278年，秦军攻破楚国京都。屈原眼看自己的祖国被侵略，心如刀割，但是始终不忍舍弃自己的祖国，于五月五日，在写下了绝笔作《怀沙》之后，抱石投汨罗江身死，以自己的生命谱写了一曲壮丽的爱国主义乐章。

屈原死后，楚国百姓非常哀痛，纷纷到汨罗江边去凭吊屈原。渔夫们划起船只，在江上来回打捞他的身体。有的渔夫拿出饭团、鸡蛋等食物丢进江里，希望鱼龙虾蟹吃饱了，不会去咬屈大夫的身体了。有的拿来一坛雄黄酒倒进江里，希望晕倒蛟龙水兽，以免伤害屈大夫。后来怕饭团为蛟龙所食，人们想出用楝树叶包饭，外缠彩丝，发展成为粽子。

郭沫若评价屈原为"伟大的爱国诗人"。他开浪漫主义诗歌之先河，创立了"与天地分同寿，与日月分同光"的楚辞文体；发明了"惟草木之零落兮，恐美人之迟暮"的香草美人传统。他奔流肆意的想象，源源不绝的才情，似河流汇聚成海一般，浩瀚无垠。我国文史上最长的抒情诗——《离骚》，就是他集毕生心血所成的作品。

屈原去世已有2300年了，今天我们来纪念他，主要是学习他爱祖国爱人民、坚持真理、宁死不屈的精神和他"可与日月争辉"的人格。屈原作为一个改革家，他的政治理念，他的改革期望，都因当时客观残酷的社会条件而失败了。但作为一个伟大的爱国者、思想家和文学家，他却成功了。"举世皆浊我独清，众人皆醉我独醒"是他的气节，"路漫漫其修远兮，吾将上下而求索"是他的伟岸。他如菊的淡雅、如莲的圣洁和强大的精神力量，为后人颂扬，激励感染了无数中华儿女！

屈原的伟大，不仅是他刻骨铭心的诗句，更是他矢志不移的爱国精神、不与奸佞小人同流合污的高风亮节。五千年中华文明史少不了屈原，灿烂的中国文学史少不了屈原。

屈原的精神是不朽的。不管时光如何变迁，他永远生活在岁月的长河里，永远铭记在人们的心中！

此篇范例，纪念的意义非常浓厚。讲话者在讲述端午节缘由的时候，简要地讲述了屈原的事迹、粽子的由来……这些事迹和话语都是为了纪念伟大的屈原，正因为屈原的爱国精神，才值得人们如此敬仰和爱戴。

第十章　吊唁悼念

感谢与痛心并举

悼词是对死者表示哀悼的话。出席追悼大会发表悼词时，要怀着感谢和痛心的心情，即感谢死者生前为我们做出这么大的贡献，痛心这么杰出的人物永远地离开了我们。怀着这样的感情进行讲话，既能体现对死者的尊重，又能很好地表达悼念之情。

恩格斯，马克思主义创始人之一，国际无产阶级和劳动人民的伟大导师，马克思的最紧密的战友，他一生讲演甚多。这是恩格斯 1883 年 3 月 17 日在伦敦海格特公墓安葬马克思时的讲话：

3 月 14 日下午两点三刻，当代最伟大的思想家停止思想了。让他一个人留在房间里总共不过两分钟，我们再进去的时候，发现他在这安乐椅上安详地睡着了——永远地睡着了。

这个人的逝世，对于欧美战斗着的无产阶级，对于历史科学，都是不可估量的损失。这位巨人逝世后所形成的空白，在不久的将来就会使人感觉到。

正如达尔文发现有机自然界的发展规律一样，马克思发现了人类历史的发展规律，即历来为繁茂芜杂的意识形态所掩盖着的一个简单事实：人们首先必须吃、喝、住、穿，然后才能从事政治、科学、艺术、宗教等；所以，生产直接与生活有关的物质用品，会为一个民族或一个时代带来一定程度的经济发展，物质用品的生产和经济发展的程度又构成了该民族的国家制度、法制观念、艺术以至于宗教思想发展的基础。因此，我们必须从这个方向来解释上述种种观念和思想，而不是像以往所做那样，作相反的解释。

不仅如此，马克思还发现了现代资本主义生产方式和由此产生的资产阶级社会的特殊运动规律。剩余价值的发现，使此前一切资产阶级经济学家和社会主义批评家在黑暗中摸索、探求的问题上豁然开朗，得到解决。

一生中已有这样的两项发现，该是很够了。甚至只要能有一项这样的发现，也已经是幸福的了。但是马克思在他所研究的每一个领域，甚至是数学方面，都有独到的发现。他研究的领域很广，对其中任何领域他都不是肤浅地研究的。

这位科学巨匠就是这样。但是这在他身上远不是主要的。在马克思看来，科学是一种在历史上起推动作用的、革命的力量。任何一门理论科学中的每一个新发现，即使它的实际应用甚至还无法预见，都使马克思感到衷心喜悦，但是当有了立即会对工业、对一般历史发展产生革命影响的发现的时候，他的喜悦就完全不同了。例如，他曾经密切地注意电学方面各种发现的发展情况，不久以前，他还注意了马赛尔·德普勒的发现。

因为马克思首先是一个革命家。他毕生的真正使命是以各种方式参加推翻资本主义社会及其国家制度，协助现代无产阶级得到解放。这些现代无产阶级有赖他才第一次意识到自身的地位和需求，意识到自身的解放条件。斗争是他的气质。他斗争时所具的热忱、顽强精神和成就，无人能及。他做过的工作有：在早期的《莱茵报》（1842年）、巴黎《前进报》（1844年）、《德意志—布鲁塞尔报》（1847年）、《新莱茵报》（1848～1849年）、《纽约每日论坛报》（1852~1861年）等报纸上发表的文章，许多富有战斗性的小册子，其后参与巴黎、布鲁塞尔和伦敦各个组织的工作，最后创立了伟大的国际工人协会等等。作为这协会的创始人，即使别的什么也没有做，也足够以此成果为自豪了。

正因为这样，马克思成为当代最遭嫉恨和受到最多诬蔑的人。各国政府，无论是专制政府或共和政府都驱逐他；无论保守或极端民主派的资产者，都竞相诽谤他、诅咒他。他对这一切毫不在意，把它们当作蛛丝一样轻轻抹去，只是在万分必要时才作答复。现在他逝世了，在整个欧洲和美洲，从西伯利亚矿井到加利福尼亚，千百万革命工人战友无不对他表示尊敬、爱戴和悼念。我敢大胆地说：他可能有许多敌人，但未必有一个私敌。

他的英名和事业将永垂不朽！

此篇范例，在开头的部分对于马克思的逝世表示非常痛心，恩格斯这样说道："当代最伟大的思想家停止思想了。"委婉地表达了马克思离开了我们，他对此感到十分悲痛。接着，他就开始阐述马克思生前的成就，感谢马克思生前为社会以及整个人类做出的贡献。在整场讲话中，我们深刻地体会到恩格斯在悼念马克思时的痛心和感谢，这样的悼念词自然会受到众人的认可。

讲述事迹颂品质

假如在单位里，某退休老同志去世了，在老同志的悼念会上，需要你上台讲几句悼词，这时候你需要讲些什么呢？在这样的吊唁场合，需要讲话者主要讲述死者生前的事迹，体现出其高贵品质和精神，并且要化悲痛为力量，把他的精神发扬光大等方面的内容。围绕这个主题讲述，自然能够在悼念会上表达自己诚挚的敬意。

接下来，我们以一篇在悼念会上的讲话为例，看一下如何通过讲述逝者的生前事迹来歌颂其品质。

各位亲友、各位来宾：

今天，我们怀着十分沉痛的心情深切悼念离休干部×××同志。×××同志因患肺心病医治无效，于 2002 年10 月 29 日在市人民医院与世长辞，享年 72 岁。×××同志生于 1932 年 1 月，1949 年 6 月参加革命工作。新中国成立前夕在江南地下十一师、乡农协会参加全国解放运动。新中国成立后在粮食局、人委会等单位工作，1979年在矿石公司工作，1984年6月调市财政局房管所工作，1986年离休。

少年时代的×××和许许多多同龄人一样，饱经了旧社会苦难生活的煎熬和考验。他十来岁时受生存和生活所迫，弃书投工。在长沙等地工厂当童工，受尽了工厂资本家的剥削和欺凌，目睹和亲身体会了旧社会的黑暗，这使他幼小的心灵开始产生鲜明的爱憎分明的阶级立场，充满了对旧世界的无比痛恨和对新生活的无限向往。在此期间，他受进步思想影响，参加了长沙工人罢工等革命活动；新中国成立前夕，他投身全国解放运动；新中国成立后，参加乡农协会，积极投改革。

由于他表现出色，被组织上选派到粮食干校学习，安排到粮食部门工作，在党的培养教育下迅速成长起来。在以后的革命工作生涯中，他热爱共产党，热爱新中国，热爱社会主义。×××同志一生勤勤恳恳，任劳任怨。

无论是在财会岗位，还是在管理岗位，他总是一心扑在工作和事业上，干一行，爱一行，精一行，敬业爱岗，默默奉献。他对财会工作认真负责，一丝不苟，所经管的财务账目日清月结，清清白白。他认真执行政策，敢于坚持原则。×××同志为人忠厚、襟怀坦白；谦虚谨慎、平易近人；生活节俭、艰苦朴素；家庭和睦、邻里团结，他对子女从严管教，严格要求，子女个个遵纪守法，好学上进。×××同志的逝世，使我们失去了一位好同志。他虽离我们而去，但他那种勤勤恳恳、忘我工作的奉献精神；那种艰苦朴素、勤俭节约的优良作风；那种为人正派、忠厚老实的高尚品德，仍值得我们学习。我们要化悲痛为力量，努力学习和工作，再创佳绩，以慰×××同志在天之灵。×××同志安息吧！

此篇范例，讲话者主要讲述了死者在生前的一些坎坷经历，在单位取得的成绩以及其身上的品质和精神，并且分别举出具体事例进行说明，让听众能够清楚地了解。

在一般的悼念会场合，我们需要搭建怎样的思路恰当地表达自己的敬意呢？

首先，对于死者要表示深切的悼念。可以在开场的时候就直奔主题。在这部分，可以捎带提及死者的死因、年龄等情况，简要说明即可。

其次，讲述事迹，回忆往昔。讲话者要注意的是讲述事迹是为了赞颂和弘扬其身上的可贵品质，所以就需要讲话者挑重点的说，切记不要随便乱说，破坏现场的庄重气氛。

最后，弘扬其品质和精神，化悲痛为力量，这样才能恰到好处地把人们从悲痛中拉出来，去做更多有意义的事情。

追忆往昔表怀念

假如你身边的一个朋友因为意外去世了，永远地离开了你，在为他举行的悼念会上，作为老朋友需要上前讲几句，这时候你需要说些什么呢？在悼念会上，有些人因为太过于悲痛而不能说话，有些人甚至都不知道说什么。所以，我们需要提前构建思路，这样才能在悼念会上表达好自己的哀悼之情。

在脱稿发言时，我们需要追忆往昔，讲述曾经的事情和经历，并且对此表示深刻怀念，这样的发言不仅符合悼念会的气氛，更能得到在场每一位听众的认可。范例是法国元帅福煦在 1921 年 5 月 5 日纪念拿破仑逝世一百周年时，于拿破仑墓前发表的演说，其中就是通过回忆表达了对拿破仑的怀念。

只要想一想，1796 年，拿破仑年仅 27 岁已经崭露头角，就不难知道他天赋非凡的资质。他把自己的天才不断地用于建立一生的丰功伟业。

由于禀赋这种天才，他在人类军事史上走出了一条光辉的道路。他高举战无不胜的鹫旗从阿尔卑斯山进军到埃及的金字塔，从塔古斯河之滨到莫斯科河两岸。在飞扬的军旗下，他建立的赫赫武功超越亚历山大大帝、汉尼拔大将和凯撒大帝。这样，他以惊人的天才、不甘守成和好大喜功的本性成为胜过一切其他人的最伟大的领袖人物。这种本性，有利于战争，但对维持和平的局势很危险。

他把战争艺术提高到从未有过的高度，而这就将他推到了令人眩晕的巅峰。他把国家的伟大视为他个人的伟大，他要以武力控制各国的命运。他以为一个人能够以惨重的牺牲为代价得到一系列的胜利，换来本民族的繁荣；以为这个民族可以靠光荣而不是靠劳动获得生存；以为那些被征服而失去独立的国家不会一朝奋起，列出阵容强大、士气高昂、战无不胜的义师，推翻武力统治，重新赢得独立；以为在文明世界里，道德公理不应比完全靠武力形成的力量强大，不管这力量有多大的天赋才能。由于这样的企图，拿破仑走了下坡路。不是因为他缺乏天才，而是由于他想做那不可能的事。他想以当时财枯力竭的法国使整个欧洲屈膝，岂知当时欧洲已经总结了失败的教训，很快就全面武装起来。

当然，每个人都有自己的责任。但是，比指挥军队克敌制胜更为崇高的是，按照祖国的需要为祖国服务。正义应在一切地方受到尊重。和平应高于战争。

的确，在处理人的问题时如果只依赖个人的见识与才智，歪曲为尊重个人而制定的社会道德法律，歪曲作为我们文明基础和基督教本质的自由、平等、博爱的原则。那么，即使是最有天才的人，也肯定会犯错误。

陛下，请安息吧。你英灵未泯，你的精神仍然在为法兰西服务。在每次国家危难的时刻，我们的鹭旗依然迎风招展。如果我们的军队能在你建造的凯旋门下胜利归来，那是因为奥斯特利茨的宝剑为他们指引了方向，教导他们如何团结起来带领军队取得胜利。你高深的教诲，你坚毅的劳动，永远是我们不可磨灭的榜样。我们研究思索你的言行，战争的技艺便日益发展。只有恭谨地、认真地学习你不朽的光辉思想，我们的后代子孙才能成功地掌握作战的知识和统军的策略，以完成保卫我们祖国的神圣事业。

此篇范例，从整体来看都是在追忆拿破仑的生前事迹，歌颂拿破仑的功绩，以及呼吁自己的祖国人民学习拿破仑的精神、作战的知识和策略。思路清晰，语言流畅，可谓悼念词的典范。

第十一章　宴会应酬

用语言搞好聚会的气氛

在社交场合，常会出现这样的现象：很多人试图通过一些工具，或者通过一些人来活跃和调节现场的气氛，但产生的结果往往都不尽如人意，达不到预期的效果。其实，很多人之所以利用外在的条件，是因为他们没有充分地认识到语言的重要性，也不具备良好的口才能力。要知道，用恰当的方式表述出来的话语，产生的效果要比其他方法好得多。

范例是某著名人士在"2010年集善中国行"慈善晚宴上的讲话，他就是用良好的口才能力，很好地调节了现场的气氛。

尊敬的各位嘉宾，尊敬的每一位朋友：

大家晚上好！

今天把我们聚集到这里来的，就是我们刚才在屏幕上看到的孩子们。中国有240多万名残疾学龄儿童，他们因为各种各样的原因，有的得不到学习机会，有的生活还很困难。但是大家看到了，他们每一个人都有自己的梦想，也有着追求梦想的勇气，这让我非常感动。我相信我们大家都有共同的感觉，这些孩子正是需要我们帮助的，正是我们要尽一份心力的。

今天也是我们集体育和慈善交相辉映的一次盛会。昨天我们有一场非常激烈的足球赛。非常感谢伯明翰足球俱乐部把爱心和体育慈善的精神带到了中国。我们也感谢伯明翰足球队、北京国安足球队以及辽宁宏运足球队，他们已经进行了比赛和即将比赛。我能感觉我们的观众、我们的比赛是那么激烈、那么真诚，因为我们有一种体育精神。我们追求健康；我们追求力量更强、速度更快、技巧更精湛；我们还要追求和平、幸福；我们还要追求真善美；这就是我们伟大的体育精神，同时也是我们伟大的人类精神。现在让我们用自己的一颗心把这种体育精神和人类精神献给大家，把人道主义传播到社会方方面面。我相信在这个传播过程中，我们每一个人的心灵都能得到净化，都能得到升华，我们也是这些活动的受益者。

最后，我们大家共同来祝福我们看到的那些千里之外的孩子们。我们要对他们说：你们并不孤单，全社会的人跟你们是站在一起的，所有人的爱会温暖着你们、祝福着你们，你们的一生都能得到幸福。我想这是我们大家每一个人从心里发出的祝福。

为我们的残疾朋友们、残疾孩子们，为我们集善行动的成功，为大家的健康，干杯！

谢谢大家。

以上的讲话范例中讲话者应用语言很好地调节了宴会的气氛，在开篇用比较严肃的发言表达难过之情，接着，用比赛的精神点燃了人们内心的热情，由以前难过的心境进而转向温暖的心境，用简单的话语来弘扬主题精神，进而作出爱的呼唤。

这样用话语反复转换，不仅升华了主题，而且还会得到更多人的认可。

别出心裁的宴会致辞

在应酬宴会上，很多人很苦恼自己的脱稿发言为什么这么平淡无奇，不能吸引观众的注意力，激发他们的兴趣，往往场上的各个角落都弥漫着沉闷和压抑的声音。如此的讲话方式，不仅让讲话者感到挫败，同时也在折磨着场上的每一位听众。因此，讲话者就需要不断地思考自己的讲话方式，添加点别出心裁的讲话内容，才能激发听众的好奇心，与听众一起享受整个讲话过程。范例是美国著名作家马克·吐温在霍姆斯七十寿辰时发表的祝词，其别出心裁的祝贺方式值得我们参考借鉴。

主席先生、各位女士、先生们：

为了亲临为霍姆斯博士祝寿，再远的路程我也要前来。因为我一直对他怀有特别亲切的感情。你们所有的人都会有这样的体验，一个人一生中初次接到一位大人物的信时，总是把这当成一件大事。不管你后来接到多少名人的来信，都不会使这第一封失色，也不会使你淡忘当时那种又惊又喜又感激的心情。流逝的时光也不会湮灭它在你心底的价值。

第一次给我写信的伟大人物正是我们的贵客——奥列弗·温德尔·霍姆斯。这也是第一位被我从他那里偷得了一点东西的大文学家。（笑声）这正是我给他写信以及他给我回信的原因。我的第一本书出版不久，一位朋友对我说："你的卷首献词写得漂亮简洁。"我说："是的，我认为是这样。"

我的朋友说："我一直很欣赏这篇献词，甚至在你的《傻子国外旅行记》出版前，我就很欣赏这篇献词了。"我当然感到吃惊，便问："你这话什么意思？你以前在什么地方看到过这篇献词？""唔，几年前我读霍姆斯博士《多调之歌》一书的献词时就看过了。"当然啦，我一听之下，第一个念头就是要了这小子的命（笑声），但是想了一想之后，我说可以先饶他一两分钟，给他个机会，看看他能不能拿出证据证实他的话。我们走进一间书店，他果真证实了他的话。我确确实实偷了那篇献词，几乎一字未改。我当时简直想象不出怎么会发生这种怪事；因为我知道一点，绝对毋庸置疑的一点，那就是，一个人若有一茶匙头脑，便会有一份傲气。这份傲气保护着他，使他不致有意剽窃别人的思想。那就是一茶匙头脑对一个人的作用——可有些崇拜我的人常常说我的头脑几乎有一只篮子那么大，不过他们不肯说这只篮子的尺寸罢了（笑声）。

后来我到底把这事想清楚了，揭开了这谜。在那以前的两年，我有两三个星期在桑威奇岛休养。这期间，我反复阅读了霍姆斯博士的诗集，直到这些诗句填满我的脑子，快要溢了出来。那献词浮在最上面，信手就可拈来（笑声），于是不知不觉地，我就把它偷来了。说不定我还偷了那集子的其余内容呢，因为不少人对我说，我那本书在有些方面颇有点诗意。当然啦，我给霍姆斯博士写了封信，告诉他我并非有意偷窃。他给我回了信，十分体谅地对我说，那没有关系，不碍事；他还相信我们所有的人都会不知不觉地运用读到的或听来的思想，还以为这些思想是自己的创见呢。他说出了一个真理，而且说得那么令人愉快，帮我顺顺当当地下了台阶，使我甚至庆幸自己亏得犯了这剽窃罪，因而得到了这封信。后来我拜访他，告诉他以后如果看到我有什么可供他作诗的思想原料，他尽管随意取用好了。（笑声）那样他可以看到我是一点也不小气的；于是我们从一开始就很合得来。

从那以后，我多次见过霍姆斯博士；最近，他说——噢，我离题太远了。

我本该向你们，我的同行、广大公众和教师们说出我对霍姆斯的祝词。我应该说，我非常高兴地看到霍姆斯博士的风采依然不减当年。一个人之所以年迈，非因年岁而是由于身心的衰弱。我希望许多许多年之后，人们还不能真正地说："他已经老了。"（鼓掌）

此篇范例，没有采用俗套的方式在祝寿的宴会上说一些祝福感谢的话，而是另辟蹊径，用自己的故事慢慢地把听众的注意力引到自己身上，并且讲述的方式也很幽默诙谐，自然会得到听众的掌声。马克·吐温在整场讲话中，设置悬念，一步一步把听众的注意力带入自己的讲话中，可谓绝妙的讲话技巧。

第十二章　就职演讲

工作表态，简短有力

如果你晋升的职位比较高，在履职时通常会有个就职仪式，就职场合中被提拔者通常需要进行就职演说，这类场合适宜脱稿讲话。为了能让自己脱稿讲话出色精彩，其中关键的一点是，在工作表态时，要注意简短有力，只有这样才能在就职仪式上赢得更多的掌声。范例是林肯第二次当选美国总统时发表的演说，我们来看一下。

同胞们：

在第二次宣誓就职总统的时候，我不必像第一次那样做长篇的演讲了。

第一次就职典礼上，较为详尽地叙述我们要采取的方针和道路，看来是合适与恰当的。现在，在我的四年任期结束之时，有关这场至今仍为举国瞩目的大斗争的每个方面，时时有公开的宣告，因此没有新的内容向各位奉告了。我们的一切都依靠武装力量，这方面的进展，大家知道得和我一样清楚。我相信，大家对此颇感满意和鼓舞。我们对未来抱有很大希望，在军事方面就毋庸多作预测。

四年前我初次就职之际，全国思虑都集中在即将爆发的内战之上。大家对内战都怀有恐惧，都设法避免这场内战的发生。当时我在这个讲坛上发表的就职演说，全部内容就是为了不战而拯救联邦。当时城里的叛逆分子却企图不用战争而摧毁联邦，企图通过谈判来瓦解联邦，瓜分国家所有。双方都反对战争，但其中一方宁愿战争也不愿联邦毁灭，于是内战爆发。我国黑奴占人口八分之一，他们不是普遍分布于全国各地，而是集中在南部。这些黑奴，构成一种特殊而重要的利益。

尽人皆知，这种利益迟早会成为战争的起因。叛逆分子不惜发动战争分裂联邦，以达到增大、扩展这种利益，使之永存的目的，政府却除去要求将奴隶制限于原来区域，不使扩大之外，不要求其他任何权利，双方都不曾预料到战争会有这样大的规模，持续这样久，不曾预料到引起冲突的原因在冲突停止前会消失。双方都寻求轻而易举的胜利，不求彻底或惊人的结果。……

让我们努力完成我们正在进行的工作，愈合国家的战争伤痕，关怀战死的烈士及其遗属，尽一切力量争得并维护我国及全世界的正义的、持久的和平。

林肯的就职演说可谓精彩绝伦，特别是在最后工作表态时，采用了简短的话语，向人们做出了保证，简单有力地向人们证明了自己的工作态度。虽然我们普通人不能像林肯总统那样，发表令人振奋的就职演说，但在以后职位晋升时可以参考。

建立信任，鼓舞人心

在就职仪式上，每一位讲话者都希望通过自己的讲话，获得人们的一些信任。的确，在就职仪式上，获得现场听众的信任是非常重要的，正因为他们信任你，你说出的每一句话才能更好地鼓舞他们。丘吉尔在第一次出任英国首相时的演说就很好地表明了这一点，以下是他的演说内容：

上星期五晚上，我接受了英王陛下的委托，组织新政府。这次组阁，应包括所有的政党，既有支持上届政府的政党，也有上届政府的反对党。显而易见，这是议会和国家的希望与意愿。我已完成了此项任务中最重要的部分，战时内阁业已成立。五位阁员中包括反对党的自由主义者，代表了举国一致的团结，三党领袖已经同意加入战时内阁，或者担任国家高级行政职务。三军指挥机构已加以充实。由于事态发展的严重性给予人的紧迫感，仅仅用一天时间完成此项任务，是完全必要的。其他许多重要职位已在昨天任命。我将在今天晚上向英王陛下呈递补充名单，并希望于明日一天完成对政府主要大臣的任命。其他一些大臣的任命虽然通常需要更多一点的时间，但是，我相信议会再次开会时，我的这项任务将告完成，而且本届政府在各方面都将是完整无缺的。我认为，向下院建议今天开会是符合公众利益的。议长先生同意这个建议，并根据下院决议所授予他的权力，采取了必要的步骤。今天议程结束时，下院休会到 5 月 21 日，星期二。当然，还要附加规定，如果需要的话，可以提前复会。下周会议所要考虑的议题，将尽早通知全体议员。

现在，我请求下院，根据以我的名义提出的决议案，批准已采取的各项步骤，将它记录在案，并宣布对新政府的信任。

组成一届具有这种规模和复杂性的政府，本身就是一项严肃的任务。但是大家一定要记住，我们正处在历史上一次伟大的战争的初期阶段，我们正在挪威和荷兰的许多地方进行战斗，我们必须在地中海地区做好准备，空战仍在继续，众多战备工作必须在国内完成。在这危急存亡之际，如果我今天没能向下院做长篇演说，我希望能够得到你们的宽恕。我还希望，因为这次政府改组而受到影响的任何朋友和同事，或者以前的同事，能对礼节上的不周之处予以充分谅解，这种礼节上的欠缺，到目前为止是在所难免的。正如我曾对参加现届政府的成员所说的那样，我要向下院说："我没什么可以奉献，有的只是热血、辛劳、眼泪和汗水。"

摆在我们面前的，是一场极为痛苦的严峻考验。在我们面前，是漫长的战争和苦难的岁月。你们问："我们的政策是什么？"我要说，我们的政策就是用我们全部能力，用上帝所给予我们的全部力量，在海上、陆地和空中进行战斗，同一个在人类黑暗悲惨的罪恶史上所从未有过的穷凶极恶的暴政进行战争，这就是我们的政策。你们问："我们的目标是什么？"我可以用一个词来回答：胜利——不惜一切代价，去赢得胜利。无论多么可怕，也要赢得胜利，无论道路多么遥远和艰难，也要赢得胜利。因为没有胜利，就不能生存。

大家必须认识到这一点：没有胜利，就没有英帝国的存在，就没有英帝国所代表的一切，就没有促使人类朝着自己目标奋勇前进这一世代相因的强烈欲望和动力。但是当我挑起这个担子的时候，我是心情愉快、满怀希望的。我深信，人们不会听任我们的事业遭受失败。此时此刻，我觉得我有权利要求大家的支持，我要说："来吧，让我们同心协力，一道前进。"

此篇范例，丘吉尔用真挚朴实的语言，讲述了新党派执政、新政府组成以及即将面临的各种挑战，没有任何隐瞒地展示了国家的情况，自然就会得到人们的信任和认可。丘吉尔通过一些话语鼓舞了人心，比如："我没什么可以奉献，有的只是热血、辛劳、眼泪和汗水……不惜一切代价，去赢得胜利。无论多么可怕，也要赢得胜利，无论道路多么遥远和艰难，也要赢得胜利。因为没有胜利，就不能生存……"

凝聚人心，获得支持

一场成功的就职演说，能够帮助新任人员建立起一座沟通群众的桥梁，拉近与群众之间的距离，成为动员和维系群众同心协力搞好本部门工作的有力手段。所以，做好就职演讲就显得很重要。接下来，我们来看一下美国总统尼克松在发表就职演讲时是如何凝聚人心的，大家可以借鉴他的成功之处。

德克森参议员、最高法院首席法官先生、副总统先生、约翰逊总统、汉弗莱副总统、美国同胞们、全世界的公民们：

今天，在这个时刻，我要求你们和我分享这种崇高肃穆的感情。在有秩序的权力交接中，我们欢庆我们的团结一致，它使我们保有自由。

历史巨轮飞转，分分秒秒的时间都十分宝贵，也独具意义。但是有些瞬间却成为新的起点，定下其后数十年及至几个世纪的行程。

现在，由于世界人民要求和平，各国领导人惧怕战争，所以在历史上第一次，时代站到了和平方面。历史能授予的最光荣称号莫过于"和平的缔造者"了。这最高荣誉现在正召唤美国。美国有机会引导世界最终从动乱的深渊中拔足，走向人类自有文明以来即梦寐以求的和平宽阔高地。如果我们能够成功，后辈子孙提到我们现在活着的人时，将会说我们驾驭了我们的时代，为人类求得了世界安全。

三分之一世纪以前，富兰克林·德拉诺·罗斯福曾经站在这里向全国演说，当时国家正受经济不景气困扰，陷于惶恐中。他看到国家当时的种种困难，却仍然能够说："感谢上帝，我国的困难毕竟只在物质方面。"

今天我们的危机正相反。我们物质丰富，却精神贫乏；我们以非凡的准确程度登上了月球，但地球上陷入了一片混乱。我们卷入了战争，没有和平。我们四分五裂，没有团结。我们看到周围的人生活空虚，没有充实的内容；我们看到许多工作需要完成，却没有人手去做。对于精神的危机，我们需要精神的解决办法。为了找到解决办法，我们只需省视自身。

当我们估量能够做什么时，我们只应许诺能做到的事。但在制定目标时，却要有远大的理想。

如果你的邻舍没有自由，你就不会得到完全的自由。只有共同前进才能前进。

这就是说黑人和白人共有一个国家，不是分为两个。法律是按照我们的良心制定的。剩下的问题就是赋予法律条文以生命：保证既然一切人在上帝面前生来就有同等的尊严，在人的面前也应有同等的尊严。

我们在国内要学会团结所有人共同前进，让我们也努力求得全人类的共同前进吧。

短短几个星期以前，我们刚分享了人类第一次像上帝那样看到地球的光荣，我们看到了地球像一颗星一样，在黑暗中反射出光芒。

圣诞节前夕阿波罗太空飞行员飞越月球灰色的表面时，告诉我们地球是多么美丽；由太空远处月球附近传来的声音是那么清晰，我们听到他们祈求上帝赐福给地球上一切善良的人。

在尖端技术欢奏凯歌的时刻，人们想到自己的家园和人类。从太空的远处看来，地球上人类的命运是分不开的；这告诉我们，不论我们能到达宇宙的任何远处，我们的命运并不在那些星星上，而在地球上，掌握在我们自己手里，决定于我们的内心。

命运给予我们的不是失望之酒，而是机会之杯。因此，让我们毫无畏惧、充满欢愉地把握住机会吧。"乘坐地球的乘客们"，让我们坚定信念，认准目标，提防危险，凭着对上帝意旨和人类诺言的信心，共同前进吧。

此篇范例，尼克松总统从以下几个方面去阐述自己的观点：和平、精神危机、黑人和白人平等的权利以及地球人类的共同命运，这些不是什么高谈阔论，而是与人们的生活息息相关，这就在很大程度上凝聚了人心，自然会获得更多群众的支持和爱戴。所以，在就职演说上，就职者不要说一些空洞宽泛的概念，让人们一头雾水，而是要表达一些切合实际与人们的日常生活相关的事情。

第十三章　工作汇报

条理分明，逻辑清楚

汇报工作是向上级领导反映情况，求得指导和帮助的重要方法，也是展示本单位成绩、工作能力和水平的重要机会。因此，汇报工作也是一门艺术，在脱稿汇报的时候，就要做到条理分明、逻辑清楚，只有这样，才能让领导或者上级清楚你的工作情况。范例中的讲话是某领导的移民扶贫工作汇报发言，其内容条理分明，逻辑清楚，可以作为同类发言的参考。

各位领导：

移民扶贫工作是我乡最重要的工作，今年的移民扶贫工作在县委、县政府的正确领导和县扶贫办等有关部门的关心支持下，进展顺利。今年，县下达我乡的任务数是 380 人，是我乡三年来移民人数最多、搬迁力度最大的一年，也是难度最大的一年。2008 年是 309 人，2004 年是 120 人，加上今年的移民，将有近五分之一的人口实现移民搬迁扶贫，极大改善广大群众生产生活条件和水平。现将我乡移民扶贫工作情况简要汇报如下。

一是精心组织，深入调查到户。年初，我们成立了乡移民扶贫工作领导小组，分别与各村签订了工作责任状，制定了奖惩措施，落实了责任，调动了积极性，并深入农户，掌握了第一手资料，使移民工作立足于此。

二是大力宣传，政策落实到位。充分利用我乡的广播、黑板报、标语等工具大力宣传移民扶贫政策，并召开移民搬迁动员大会，大造舆论声势，形成一股移民热潮，报名移民户 94 户 447 人，报名县翔云社区的有 15 户 61 人，使移民工作行动于快。

三是认真研究，选准安置地点。经过三次党政班子会议认真讨论研究，确定将今年移民集中安置点选择在自然条件相对较好、交通便利的圩镇、梅竹村、桥头村三处，其中圩镇点计划安置50户，梅竹计划安置10户，桥头计划安置19户，三处共征用土地25亩，山场10亩。在3月份就完成了土地征用工作。

四是妥善安排，关心移民生活。按照"搬得出、稳得住、能致富"的移民工作目标，我们将关心移民生产生活作为一项重要工作来抓紧抓实，专门落实了工作组责任，纳入年度目标考核，并落实了12户移民户作为科级领导"1+2"帮扶户，经常关心、帮助移民，使移民工作情系于民。

在取得成绩的同时，我们也面临许多困难。一是移民区配套设施建设还需改善，建设工程资金缺口大。二是我乡无一块面积较大平地，平整土地工程量很大，需搬运土石方2.8万方，浆砌挡土墙护坡1000方，总投资需要59万多元，供电、移动、电线杆线搬迁量多，给工程施工带来很大困难，特别是近期正值多雨季节，挖机、车辆无法正常作业，影响了工程进度。

但我们坚信，有上级党政部门的支持和帮助，虽然我们前面困难重重，我们一定会迎难而上、奋勇拼搏、开拓进取，保证按期完成移民搬迁任务，请领导放心。

此篇范例，条理清晰地阐述移民扶贫工作的开展过程，四点内容之间层层递进，逻辑清楚，让领导知道了现有的工作成绩。接着又逐条分析了工作过程中遇到的困难，让领导可以有针对性地安排解决措施。最后表态，展现了对工作的认真负责，想必也会得到在场领导的认可。

解决问题，着重具体方法

汇报工作最重要的是提出解决问题的方案而不是简单地提出问题。要记住，汇报问题的实质是求得领导对你的方案的批准，而不是问你的上司如何解决这个问题。

我们去找领导汇报工作时要准备多套方案，并将它的利弊了然于胸，必要时向领导阐述明白，并提出自己的主张，然后争取领导批准你的主张，这是汇报的最标准版本。范例是某教学主任在教学常规工作检查汇报会上的讲话，这篇讲话就主要表达了解决问题的具体方法，对于听众来说，再实用不过。

各位领导：

大家好！

本次教学常规检查，对于各位教师的工作作了一个评估，其中有表现优秀的也有还欠缺锻炼的，下面我将本次检查情况作一个简单的分析。

一、教学计划

本次检查中，大部分教师的计划还是用备课本上的计划表来应付，没有按中小下发的语数教学常规的要求来认真地写。另外，班主任一定要制定详细的班级工作计划，使自己本期各项工作做到"胸中有一盘棋"，避免盲目性和随意性。这里，我建议各校在开学后两周内要求教师将计划写好，上交一份学校存档，督促其认真制订计划。中小本部不仅语、数班主任计划要交，其他学科包括常识、艺体、英语的计划都要上交归档，每份计划上要注明班级、教师姓名、时间等。

二、备课

这次检查发现大部分教师都能认真备课，书写较以前规范，教学环节齐全，教学过程比较翔实，教学方法的设计及教学手段的运用能体现新的理念，撰写的教学反思比以前有所提高，能对自己不得法的教学手段、方式、方法进行解剖。但也有个别教师的备课过于简单，纯是应付检查，教学反思质量不高，书写较潦草。以后在检查中像这样的备课，至少要扣 5 分，决不能备好备坏一个样。

三、作业

本次检查发现每位教师做得最真实的、最认真的就是作业，大部分教师作业设置适量、适度，均能及时批改，多数学生书写认真，格式规范。但也存在一些问题，有些学生的错题没有及时订正，少数学生书写有待提高，还有教师作业批改没写日期。对于作业的设置和批改我也提几点建议。

1. 每位教师最好要有作业设计本和批改记录本，记录学生作业中的错误做法及纠正措施，程营的陈玉兰老师就是这样做的。

2. 批改作业不要用一个大钩，应该给每一道小题目都要打上一个勾，这样才能体现精批细改。学生作业可圈可点之处绝不要吝啬笔墨，借助问号、下划线等方式给学生勾出他的错误与不足之处，让学生明白自己的失误之处。

3. 对作业的评价最好不要用分数，要写出批语式鼓励性的语言或符号，如：甲、乙、丙，a、b、c 等，最好是"八仙过海，各显神通"，作为学生及家长，最希望看到的是教师对学生的评价，一句关心的话语，一句善意的批评都能拉近师生间的距离。

四、听课

这项检查中听课节数都能达标，8 节以上，但听课笔记明显看得出是不真实的，是应付检查的，有的连上课教师的年级、姓名都没填，教学过程记录简单，教学评价及建议较少。

其实，听课、评课是一个非常好的教研方式，是提升每一位教师教学水平的一个重要方法。因此，各校教导处每学期都要开展几次备课、听课活动，让教师真实地记录听课过程中的所思所想，然后评课时相互交流，从而在点滴间提高教师的教学水平。

五、辅导

从这次检查情况看，大部分教师都扣了分，这说明我们教师对课后辅导还没做到高度重视，对课后辅导的意义不甚了解。课后辅导的内容主要是解答疑难、补差、扩展提高、端正态度、指导方法等。要做好补差工作，就要分析学生差的原因，是知识，是方法，还是能力缺陷等？在课后辅导中也应该做好记录，记录在辅导过程中了解到学生的情况、解决的方法。

谢谢大家！祝大家虎年身体健康，工作顺利，万事如意！

此篇范例中，汇报人员着重分析了这次教学常规检查中出现的问题和解决方法，将整个教学工作分成六个点来分别说明，其中具体解决方法也一一对应，分条列出，针对性比较强，也让听众理解起来更容易，为以后的教学工作指明了方向。这也是所有人最想听到的内容。如果只是指出问题，某些老师可能就会对这次讲话失去兴趣，因为他们作为参与者，肯定明白自己的弱势是什么，他们最想知道的就是怎样克服。所以这次讲话中的那些建议可谓正中下怀，迎合了他们的要求。

第十四章　单位年会

现有成绩详细说

年末岁尾，各个单位需要开会，会上免不了主要领导要讲几句，如果你能一改过去写讲稿、念讲稿的老方式，在会上脱稿讲话，不仅拉近与下属之间的距离，而且还能增添自己的人格魅力。在年会上，把现有的成绩详细说出来，这样每一位员工都心中有数，自然会更加奋进和努力。以李彦宏在 2011 年百度年会上发表的讲话为例，来看一下如何详细阐述现有成绩。

各位亲爱的百度同学：

大家好！

非常开心又和大家相聚在一年一度的百度年会。每年站在这里，我都会发自内心地感觉到温暖，都会觉得有很多话想和大家交流。因为这个时候大家聚在一起，意味着我们又共同走过了整整一年，又要在下一轮寒暑交替中迎来新的工作、生活和期待。

"年年岁岁花相似，岁岁年年人不同。"记得 2009 年年会时我曾经感慨，总算把分散在不同地点的同学们聚集在一起，在百度大厦办公，我们又能像一家人一样在一起快乐地工作。从 2009 年到现在，也不过两年时间，我们的员工就从 7000 多人增加到将近 15000 人，总部办公地点就又变成了大厦、首创和奎科遥遥相望的格局。但是无论我们是不是在一栋楼里办公，我们的事业都在一起，我们的努力和成绩都在一起，我们的心都在一起！

过去的一年，是硕果累累的一年，是我们朝着新十年目标大步迈进的一年。我们圆满完成了年初制定的各项任务，公司业务快速增长，十周年时我们所制定的业绩增长 40 倍的目标，以今天的业绩为基数，已经只剩下 11 倍了。除了发展我们的核心搜索业务外，我们还推出了易平台，为移动互联网领域的发展打下基础；在国际化方面，我们进一步打通了总部技术平台资源，除了日本，我们也已经开始在东南亚、非洲等其他国家和地区提供服务。所有这些，都对公司未来的发展意义深远。

在这里，我要由衷地感谢每一位百度同学。是你们的辛勤工作，聚合成百度 2011 年最闪耀的风采。谢谢你们！

回首共同走过的 2011 年，有很多感慨。今天也想借这个机会和大家分享一下。

首先，是我们沿着使命前行的成就感。

成就感往往来源于一些小事。今年 6 月，市场部基于一个真实的案例，做了一条片子，讲一个清洁工为了女儿，通过百度视频学完了迈克·杰克逊的舞蹈动作，然后参加比赛获了奖，片子最后定格为"平等地成就每一个人"。这个片子不仅感动了我，很多客户和合作伙伴看了之后也很感动，觉得这些年跟百度在一起，在做一件很有价值和意义的事情。是的，我们的产品除了给大家带来影音的欢愉、资讯的丰富，我们也在平等成就每一个老师，不管他们在哪里，都能分享网上最好的教案和课件；我们也在帮助每一个心急如焚的妈妈，在她们的孩子发烧时，能够迅速获取知识、采取正确的退热措施……无论教授还是牧民，无论老人或是孩子，他们渴求的信息会因为百度这个平台而触手可及。当那么多的用户在用百度的产品，成就自己每一个小小的愿望时，我感受到我们工作的伟大意义。

2011年百度推出了新首页。从"即搜即得"到"即搜即用"，再到"不搜即得""不搜即用"，我们实现了让用户获取信息从"一步到零步"的跨越。这是百度首页自诞生以来变化最大的系统工程。大家都看到了百度世界大会上新首页的闪耀登场，但很多人可能并不知道，新首页的背后我们的技术工程师和项目团队夜以继日的奋斗故事。负责新首页导航数据挖掘的团队，他们只有7个人。完成这项任务，公司只给了他们58天。在这短短58天时间里，他们汇总、整理和分析了2000多万名用户的历史数据，为将近600万登录新首页的用户提供了高度准确的自动导航服务。到了项目后期，时间已经非常紧张，他们抓紧每一分钟对产品进行第二次、第三次的迭代。我和PM在这期间对产品提出了很多问题和意见，无论是上班时间，还是下班之后，甚至是午夜或者凌晨，总是能看到他们很快地做出反应和调整。后来大家谈起这件事情，想知道激励他们这样日夜为之奋斗的动力是什么，他们的解释却很简单。他们就觉得这是一个非常有意义的方向，通过首页导航能够帮助更多人更好地使用互联网，每个人都是发自内心地喜欢做这件事，不仅没觉得这是什么奉献或牺牲，反倒有一种无可替代、舍我其谁的责任感和成就感。

百度一直是一个有理想、有使命感的企业，这种力量激励着我们在座的每一个人，哪怕离开了这里，这样的理想和信念仍然流淌在他们的血液中。

……

今天我们已经走进2012年，对于2012的传说有很多，2012也因此具有很多的神秘色彩。我个人是不相信世界末日和灾难预言的。但我们愿意相信，我们所做的事业，是为中国更多的普通百姓，打造知识海洋的诺亚方舟，帮助他们最平等便捷地获取信息，摆脱贫穷、消除歧视，成就每一个人的梦想！

2012年，我们将继续在使命和责任的道路上前行，我们也将收获更多的感动、更多的成长和更多的幸福时刻！

此篇范例，思路和逻辑非常清晰，李彦宏在年会上根据百度公司的实际情况，把他们目前取得的成绩一一讲述出来，在肯定取得成绩的同时，也鼓舞了员工的斗志，凝聚了员工的向心力，振奋了人心。

感谢为主，希望为辅

假如你的公司在一年里经历了很多坎坷，遇到了很多困难，受尽舆论的抨击，但仍取得了一定的成绩，在年末举行年会的时候，作为公司的领导者，你应该说些什么呢？很多人都为此苦恼不已，害怕说出一些话让员工失去对公司的信任，破坏公司的形象。其实，在年会上，领导者面对这样的情况，就更应该加强团队的凝聚力，多说一些感谢的话，根据实际情况去展望未来。

在 2011 年 2 月 25 日淘宝年会上，马云的演讲便是如此。他在淘宝年会上感谢大家，并试图让所有的阿里人再一次认识集团的使命、价值、原则和梦想：

谢谢大家。

坐在下面，我一直在感动，第一想说的是感谢 3 亿多名淘宝用户，是你们的信任让我们最初的梦想越来越走向现实，我知道淘宝带来的快乐挺多，麻烦也挺多，有很多不满意，很多不完善，谢谢大家的容忍。

我坚信，其他人做不了的事情，解决不了的问题，我们这儿的小二们以及未来的小二们，一定会做得更好，谢谢大家！

我也想感谢所有合作伙伴，他们对淘宝的成长做出了巨大贡献，包括我们的货运公司。春节期间很多货运公司堵塞了、不行了，但让我感动的是，也是用我的小号上微博时看到的一个故事——有人说他定了一个货，晚上 11 点多突然一人打电话说："我是货运公司的，能否一会儿把货送到你们家？"那人以为开玩笑呢，就说"那你送来吧"。凌晨 1 点敲门声响起，货运公司的人把货送到他家里。

不管外面对货运公司有多么抱怨、多么不满，我对所有货运公司合作伙伴说声谢谢，我敬佩大家！其实抱怨一点用也没有，我们应该去帮助他们，去为他们解决问题，因为他们也在帮助我们。这个行业的成长是靠客户、合作伙伴，大家一起努力。

我另外也想谢谢这儿所有的小二们，真诚感谢大家！老陆刚才讲的，2010是很"乱"的一年，这个字用得不错，我知道大家真是"手忙脚乱"，付出的代价相当了不起。中国也好、世界也好，因为你们这些年轻人在发生巨大变化，我向大家致敬，感谢大家！

也感谢所有的家属，11年来如果没有家属的支持、没有朋友的理解，我们阿里巴巴不会走到现在。以前我们只有200多名员工时，我说过，希望有一天阿里能成为杭州的骄傲、浙江的骄傲、中国的骄傲。很多人把自己的孩子送到这家公司来，很多人把亲戚送到这家公司来，这是一个舞台，为每一个人创造的舞台。我相信这家公司每个员工回家，不管多么辛苦，我们是微笑的，第二天早上还会微笑地来到公司。我们知道工商局不会来敲门，派出所不会把我们关了，我们做的一切事情是为了别人，同样也是为了我们自己。

今天，我希望我们不仅仅成为中国的骄傲，还应该成为"80后""90后"全球这代人的骄傲。淘宝不是杭州的公司、不是浙江的公司、不是中国的公司，是全球这一代人的公司。假如美国的国家队是Google、Facebook、Amazon、eBay，我想今天中国的国家队肯定有淘宝、阿里巴巴、百度、腾讯。有人说中国的经济是靠国有企业支撑起来的，那我觉得淘宝是真正的国有企业，我们属于社会主义中国，属于所有老百姓。

我希望阿里人、淘宝人让全世界人看到什么是真正的国有企业，是为这个国家而诞生，为了这个世界的和平、利益而努力的一家公司，这是我们心目中真正的国有企业。去做人家不愿意做、不肯做、不能做又不得不做的事情，这是一个国有企业应该做的，淘宝人挑起这个重担。

……

我希望在座各位记住，你们要做一家影响社会、完善社会，为"80后""90后"年轻人争光的一家公司，别找借口。昨天我在北京，还有人说互联网好的公司都被你们这代人弄光了，我们没机会了——那是借口，世界永远不缺机会，缺的是大家的团结，缺的是诚信、价值观、使命，缺的是我们这些员工以及家属每天的付出。

……

我期待着大家创造这个时代的奇迹，期待着大家每天辛苦回家时带着笑脸，第二天再来。这个公司我们会做到今生无悔，至少到现在为止，我深深为阿里集团所有员工感到骄傲，你们正在影响这个时代。我很荣幸能够与大家一起参与，很荣幸大家相信别人不相信的话，你们信了，我们一起努力，谢谢大家！

这篇范例从整体来看，是以感谢为主，展望为辅，用真挚的语言表达了一名领导者的心声。马云在淘宝的年会上，他感谢了很多人，有合作伙伴、运货公司、员工以及家属等，他说如果没有他们的支持和帮助，不可能取得今天骄人的成绩。马云在最后还提出，不仅希望阿里人、淘宝人能担负起肩上的重担，也希望现场的每一个人都有这样的使命感。如此精彩的演讲，真是让人赞不绝口。

主题讲述，含义深刻

在单位年会上，有的管理者会打破俗套的方式，不会像其他人一样总结过去的成绩等，而是推陈出新，围绕面临的问题进行阐述，发表自己的看法，讲得深刻有力，引发人们一些思考，这样的讲话必定是吸引听众的。范例中的讲话是马化腾在企业家年会上发表主题为"垄断是假想罪名"的部分讲话内容，我们一起来感受一下。

大家下午好！

感谢今天有这个机会和大家能够沟通。今天我演讲的问题是互联网问题八条论纲，大家会以为是马斯洛95条思路。之所以用这样的名头，其实是想提醒各位，应该说中国互联网实际上处于一个变革前夜，我们非常荣幸见证这么一个历程。由于时间不允许，只有15分钟。所以，我就做了一个也不是很艰难的决定，决定把它缩短为8条。

第一条就是讲互联网即将走出其历史的一个"三峡时代"，激情会更多，力量会更大。

我们看互联网发展时间其实很短，是一个新鲜的事物。任何一个新鲜工具出现的时候总会引起社会的惊讶，以及很多关注，并且风靡一时。这个过程就好像长江三峡一样一路险滩，在未来这个阶段过去之后，我们感到新鲜感逐渐丧失了。但是，这推动了社会结构的重塑，以及创新的力量将会排山倒海般到来。这个转折点的一个标志就是每一个公民都能够熟练使用互联网这个工具。

第二条，我想讲客户端不再重要，产业上游价值将重新崛起。回顾过去很多人认为腾讯很多成功就是因为有了一个QQ客户端软件。我们能够非常便捷接触到用户，手中有很多用户，推什么产品都可以成功。这实际上是一个渠道，我们能够轻易通过这个渠道去接触到用户。但是在未来我们感觉到这个趋势，或者说这种故事将不再存在。

……

第三条是"垄断"，是一个令人烦恼的罪名。在很多情况下这是一个假想敌，是一个不存在的东西。我们看到过去20世纪90年代，大家看我们IT产业，微软是给人诟病最多的被指责垄断的公司。在互联网时代到来的时候，微软面临什么问题呢？我们看到很多新公司照样崛起。马云在前两天杭州一个演讲也提到这一点，非常赞同。几乎所有创新者、创业者都认为毫无希望，微软可能进入很多领域，都把很多产业占到第一位的时候，那还有什么机会呢？我们看到未来发展其实大家都有目共睹的，不仅产生了eBay，而且产生了像 Google 这么强大的公司，像 Google 已经无所不能，所有互联网产品线都有它的投入。我们看到仍然有 FaceBook 的崛起，FaceBook 之后觉得社交网站，在人际关系已经没有办法能够挑战它地位的时候，我们又看到一种新的形态，微博的形态崛起。

……

第四条，截杀渠道仅仅是一个"刺客"，占据源头者才是"最强者"，互联网可以减少所有渠道的中间损耗，大大降低从产品到用户消费者的途径。但是我们看到很多产业，你只是把渠道劫截杀掉，把传统的渠道抢过来。好像你获得一个暂时的利益，并没有根本性地改变整个格局。那么，在过去来说，互联网大幅度拉低交易成本，冲击传统产业链的渠道看起来很厉害，但实际上你回头一看，很多被传统替代，很多代替传统产业的公司非常尴尬。比如我们看当当取代了很多的大量实体书店，但并没有大量的盈利。还有看看我们曾经在传统行业里面，非常大的一个产业，就是分类广告，现在走到互联网上之后并没有把它原来那块产值挪到互联网公司上面去，它没有，是给扁平化掉的，消化掉了。

······

第五条，我想谈一下广告模式是"产品经济"的产物，而知识产权模式是"体验经济"的宠儿。我们再看看过去的产品经济时代，产品和注意力是分离的，也就是说销售产品为了获得知名度和名誉度不得不到媒体那边购买注意力，这个就是广告的本质。

······

我们再看下一条，不要被"免费"吓倒，拥有"稀缺性"就拥有了破解免费魔咒的武器。过去有一本书叫《免费》，未来以软件形式存在的内容都会免费的。这会让我们很多立志于制造内容和软件的公司都非常绝望。并不是所有有价值的东西都可以在市场中找到价格，比如空气对所有人都有非常重要的价值，但是没有人去买卖这个空气，为什么呢？太多了，这里面提到一个价值重要前提，就是稀缺性。

······

第七条，产品经济束缚人，互联网经济将解放人。我们现在谈到是务本经济，有时候人性会被扭曲、束缚。我们认为互联网使命之一就是要改造传统的务本经济，把人从组织中束缚解救出来。也就是说，在互联网未来世界里拥有独特魅力和独立的人会成为最终源头，会成为最终的赢家。你咨询会免费，但是你招揽一些作家会赚钱。

……

最后一条，我想谈一下"云组织"。在云组织时代伟大公司不见得是一个大公司，"云"这个词在没有充分了解的时候，已经给市场上都用烂了。但是，我又没有找到更好更贴切的词语来形容我们即将面临的时代，我们今天讲的云不是"云"计算的"云"，云计算更多是一种技术形态，我们讲的"云"是未来社会的形态。

……

讲了这 8 条还远远不能描述我们对未来的理解和憧憬。我们看到在这个时代转折的一个门槛上面，我们能够做的事情仅仅是用一种理性、热情这样抽象的一种方式来描述，虽然我们好像是一种瞎子摸象似的描述了。大家可以想象一下，腾讯在过去一个多月，刚刚经历一次激烈的风波，或者说是纷争。事后回想其实有很多的反思在这里面，但是我不想沉浸在所有的纷争之中，我更多希望往前走、向前看。

......

此篇范例，讲话者围绕主题"垄断是假象的罪名"作出了 8 条阐述，虽然本书篇幅有限，没有列出全文，但从以上的文字足以看出讲话者在阐述每条观点时，都进行了细致深刻的分析，进而引发听众的思考。

第十五章　离职演讲

离职不忘寄予厚望

如果你因为某些原因不得不被免职，在离职大会上让你上台脱稿讲几句，面对这种场景，你打算说些什么呢？很多人常为此焦虑不已，甚至不知道应该说什么。其实，面对这样的境遇，讲话内容最好以表达对下属或同事的厚望为主，希望他们在日后的工作中更加奋进、更加出色。

麦克阿瑟，美国将军，历任西点军校校长，陆军参谋长，驻菲律宾美军司令。朝鲜战争中曾任"联合国军总司令"，因战败被免职。范例中的讲话是他于 1962 年 5 月 2 日在西点军校所作的离职演说：

今天早晨，我走出旅馆的时候，看门人问道："将军，您上哪儿去？"

一听说我到西点时，他说："那是个好地方，您从前去过吗？"

这样的荣誉是没有人不深受感动的，长期以来，我从事这个职业；我又如此热爱这个民族，这样的荣誉简直使我无法表达我的感情。然而，这种奖赏主要的并不意味着尊崇个人，而是象征一个伟大的道德准则——捍卫这块可爱土地上的文化与古老传统的那些人的行为与品质的准则。这就是这个大奖章的意义。从现在以及后代看来，这是美国军人的道德标准的一种表现。

我一定要遵循这种方式，结合崇高的理想，唤起自豪感，也要始终保持谦虚。

责任—荣誉—国家。这三个神圣的名词庄严地命令您应该成为怎样的人，可能成为怎样的人，一定要成为怎样的人。它们是您振奋精神的转折点；当您似乎丧失勇气时鼓起勇气；

似乎没有理由相信时重建信念；几乎绝望时产生希望。遗憾得很，我既没有雄辩的词令、诗意的想象，也没有华丽的隐喻向你们说明它们的意义。怀疑者一定要说它们只不过是几个名词，一句口号，一个浮夸的短词。每一个迂腐的学究，每一个蛊惑人心的政客，每一个玩世不恭的人，每一个伪君子，每一个惹是生非者，很遗憾，还有其他个性完全不同的人，一定企图贬低它们，甚至达到愚弄、嘲笑它们的程度。

……

您所率领的是哪一类的士兵？他们可靠吗？勇敢吗？他们有能力赢得胜利吗？他们的故事您全都熟悉，那是美国士兵的故事。我对他的评价是多年前在战场上形成的，至今并没有改变。那时，我把他看作世界上最高尚的人物；现在，仍然这样看待他，不仅是一个具有最优秀的军事品德的人，而且是最纯洁的人。他的名字与威望是每一个美国公民的骄傲。在青壮年时期，他献出了一切人类所能给予的爱情与忠贞。他不需要我与其他人的颂扬，他自己用鲜血在敌人的胸前谱写自传。可是，当我想到他在灾难中的坚韧，在战火里的勇气，胜利时的谦虚，我满怀的赞美之情是无法言状的。

他在历史上成为一位成功的爱国者的伟大典范；他是后代的，作为对子孙进行解放与自由主义的教导者；现在，他把美德与成就献给我们。在 20 次战役中，在上百个战场上，围绕着成千堆的营火，我目睹不朽的坚忍不拔的精神，爱国的自我克制以及不可战胜的决心，这些已经把他的形象铭刻在他的人民的心坎上。从世界的这一端到那一端，他已经深深地喝干勇敢的美酒。

……

二十年以后，在世界的另一边，又是黑黝黝的散兵坑的污物，幽灵似的壕沟的恶臭，湿淋淋的地下洞的污泥；那酷热的火辣辣的阳光，那些破坏性风暴的倾盆大雨，荒无人烟的丛林小道，与亲人长期分离的痛苦，热带疾病的猖獗蔓延，兵燹地区的恐怖情景；他们坚定果敢的防御，他们迅速准确的攻击，他们不屈不挠的目的，他们全面的决定性胜利——永远的胜利——永远通过他们最后在血泊中的攻击，那苍白憔悴的人儿的眼光庄严地跟随着您的责任—荣誉—国家的口号。

……

无论战争如何恐怖，招之即来的战士准备为国捐躯是人类最崇高的进化。

现在，你们面临着一个新世界——一个变革中的世界。人造卫星进入星际空间，星球与导弹标志着人类漫长的历史开始了另一个时代——太空时代的篇章。自然科学家告诉我们，在50亿年或更长的时期中，地球形成了；在30亿年或更长的时期中，人类发展了；从来没有一个更伟大的、更令人惊讶的进化。我们现在不单是从这个世界，而且要涉及不可估量的距离，还要从神秘莫测的宇宙来论述事物。我们正在伸向一个崭新的无边无际的界限。

……

你们是联系我国防御系统全部机构的发酵剂。从你们的队伍中涌现出战争警钟敲响时刻手操国家命运的伟大军官。从来也没有人打败过我们。假如您这样做，100万身穿橄榄色、棕卡色、蓝色和灰色制服的灵魂将从他们的白色十字架下站起来，以雷霆般的声音响起神奇的词儿：责任——荣誉——国家。

我的年事渐高，已近黄昏。我的过去已经消失了音调与色彩。它们已经随着往事的梦境模模糊糊地溜走了。这些回忆是非常美好的，是以泪水洗涤，以昨天的微笑抚慰的。我以渴望的耳朵徒然聆听着微弱的起床号声的迷人旋律、远处咚咚作响的鼓声。在我的梦境里，又听到噼啪的枪炮声、咯咯的步枪射击声、战场上古怪而悲伤的低语声。可是，在我记忆的黄昏，我总是来到西点。那里始终在我的耳边回响着：责任——荣誉——国家。

……

今天标志着我对你们的最后一次点名。但是，我希望你们知道，当我死去时，我最后自觉的思想一定是这个部队的——这个部队的——这个部队的。

我向你们告别了。

此篇范例，讲话者采用大篇幅来表达对战士的厚望，希望他们在今后的战斗中，即使不在他的带领下，也要忠于祖国、忠于人民，勇于肩负起自己肩上的责任，为保卫自己的国家而顽强奋斗。这样的讲话方式，不仅与现场的战士形成共鸣，同时也彰显出了自己的高贵品质。

卸任以回顾成绩、审视未来为主

离职的原因有很多种，有些人是因为任职到期，所以必须卸任，那么在卸任的离职会上，我们又该怎么构思呢？要知道，与其想用一些方法推陈出新，不如用朴实的话语多阐述自己在任职期间的功绩，为大家留下一个好印象。范例是即将离任的美国总统克林顿发表的电视讲话，主要内容就是对他 8 年任期中美国社会、经济各方面的发展所作的总结。

同胞们：

今晚是我最后一次作为你们的总统，在白宫椭圆形办公室向你们作最后一次演讲。

我从心底深处感谢你们给了我两次机会和荣誉，为你们服务，为你们工作，和你们一起为我们的国家进入 21 世纪做准备。这里，我要感谢戈尔副总统、我的内阁部长们以及所有伴我度过过去 8 年的同事们。现在是一个极具变革的年代，你们为迎接新的挑战已经做好了准备，是你们使我们的社会更加强大，我们的家庭更加健康和安全，我们的人民更加富裕。

同胞们，我们已经进入了全球信息化时代，这是美国复兴的伟大时代。作为总统，我所做的一切——每一个决定，每一个行政命令，提议和签署的每一项法令，都是在努力为美国人民提供工具和创造条件，来实现美国的梦想，建设美国的未来——一个美好的社会，繁荣的经济，清洁的环境，进而实现一个更自由、更安全、更繁荣的世界。

借助我们永恒的价值，我驾驭了我的航程。机会属于每一个美国公民；（我的）责任来自全体美国人民；所有美国人民组成了一个大家庭。我一直在努力为美国创造一个新型的政府：更小、更现代化、更有效率、面对新时代的挑战充满创意和思想、永远把人民的利益放在第一位、永远面向未来。

我们在一起使美国变得更加美好。我们的经济正在突破着一个又一个纪录，向前发展。我们已创造了 2200 万个新的工作岗位，我们的失业率是 30 年来最低的，老百姓的购房率达到一个空前的高度，我们经济繁荣的持续时间是历史上最长的。

我们的家庭、我们的社会变得更加强大。3500 万美国人曾经享受联邦休假，800 万人重新获得社会保障，犯罪率是 25 年来最低的，1000 多万美国人享受更多的入学贷款，更多的人接受大学教育。我们的学校也在改善。更高的办学水平、更大的责任感和更多的投资使得我们的学生取得更高的考试分数和毕业成绩。

目前，已有 300 多万名美国儿童在享受着医疗保险，700 多万美国人已经脱离了贫困线。全国人民的收入在大幅度提高。我们的空气和水资源更加洁净，食品和饮用水更加安全。我们珍贵的土地资源也得到了近百年来前所未有的保护。

美国已经成为地球上每个角落促进和平和繁荣的积极力量。我非常高兴能于此时将领导权交给新任总统，强大的美国正面临未来的挑战。今晚，我希望大家能从以下 3 点审视我们的未来：

第一，美国必须保持它的良好财政状况。通过过去 4 个财政年度的努力，我们已经把破纪录的财政赤字变为破纪录的盈余。并且，我们已经偿还了 6000 亿美元的国债，我们正向 10 年内彻底偿还国家债务的目标迈进，这将是 1835 年以来的第一次。

只要这样做，就会带来更低的利率、更大的经济繁荣，从而能够迎接将来更大的挑战。如果我们做出明智的选择，我们就能偿还债务，解决（"二战"后出生的）一大批人们的退休问题，对未来进行更多的投资，并减轻税收。

……

第二，世界各国的联系日益紧密。为了美国的安全与繁荣，我们应继续融入世界。在这个特别的历史时刻，更多的美国人民享有前所未有的自由。我们的盟国更加强大。全世界人民期望美国成为和平与繁荣、自由与安全的力量。全球经济给予美国民众以及全世界人民更多的机会去工作、生活，更体面地养活家庭。

……

我的总统任期就要结束了，但是我希望我为美国人民服务的日子永远不会结束。在我未来的岁月里，我再也不会担任一个能比美利坚合众国总统更高的职位、签订一个比美利坚合众国总统所能签署的更为神圣的契约了。当然，没有任何一个头衔能让我比作为一个美国公民更为自豪的了。

谢谢你们！愿上帝保佑你们！愿上帝保佑美国！

此篇范例，克林顿总统细致地讲述了在自己任职期间内的成绩，从经济、社会、医疗保健和饮食等方面，克林顿总统列举了取得的一项项成果，把它们一一展现在听众的眼前。最后还对未来提出了审视，在范例里清晰地列出了三点，让人们更加憧憬美好的未来生活。

辞职要以感谢为主

假如你因为某些原因而向公司提出辞职，鉴于以往在公司取得的成绩，公司决定给你举办离职欢送会，面对这样的场合，需要你上台讲几句，此时你需要说些什么呢？其实这样的离职场合，我们只要多说一些感谢的话，一般不会偏离主题。范例中的讲话就是以感谢为主要内容展开的，我们来感受一下。

各位同仁和朋友：

由于个人未来发展的原因，今天是我在 ×× 公司工作的最后一天，非常感谢各位同仁和朋友一直以来对我工作的支持和协助，在此衷心地说一声"谢谢"！

首先感谢××公司给我工作的机会，非常感谢董事长黄先生在百忙中对我亲自面试和加薪，非常感谢工程部林先生在十分繁忙的间隙给我面试机会，使我能获得3年半的稳定工作；非常感谢工程部陈先生对我在工作中的悉心点拨，没有你们的协助，我不可能在××公司顺利地工作，再次衷心谢谢你们！同时感谢工程部的各位兄弟姐妹，是你们真诚陪伴我度过在××公司的每一天，使我充实坚强而且更加成熟！感谢其他协助部门兄弟姐妹的真诚协作，使我们的工作能顺利完成！没有××公司提供的这份3年半稳定的工作，我不可能在上海这片热土打拼，我不可能每年有时间邀不识字的双亲来上海小住两月，以解每年只能回家两次的难舍亲情；没有这份稳定的工作，我不可能认识如此多优秀的员工和主管，我不可能成熟和长大，不可能认识到自己今后要走的路！

人生最重要的不是努力，也不是奋斗，而是抉择！不知不觉来××公司已经3年半了，从25岁一晃就28岁了，人生最宝贵的青春在××公司停留；此时的心情是非常复杂的。我知道，离开××公司我一定会依依不舍，也许还会流泪！但我相信，流泪和不舍后会更坚强和自信！因为人生的路还很漫长，而我必须认真面对和正确把握！

我离开××公司后，工作将交接给王悦，希望在今后的工作中给予其更多的支持和协助！

再次衷心地说声"谢谢"！祝愿我认识的人和认识我的人工作顺利，前程似锦！

从以上的范例中可知，讲话者着重地讲述了感谢的话语，现场的每一个人都感受其情感，自然会得到现场每一位听众的理解和认可。在感谢的时候，他分层地表述了感谢，首先是感谢老总对自己的栽培，感谢工程部林先生给自己面试的机会，感谢工程部所在部门对自己的帮助和支持……这样分层地表达让人感受到真情实感，值得我们学习和参考。